FACULTÉ DE DROIT DE POITIERS.

DES

GARANTIES ACCORDÉES A LA FEMME

POUR LA RESTITUTION DE SA DOT

EN DROIT ROMAIN

DU DROIT

DE POURSUITE DES CRÉANCIERS DE LA FEMME MARIÉE

SOUS LE RÉGIME DOTAL

EN DROIT FRANÇAIS

THÈSE

PRÉSENTÉE A LA FACULTÉ DE DROIT DE POITIERS

POUR OBTENIR LE GRADE DE DOCTEUR

ET SOUTENUE LE SAMEDI 30 DÉCEMBRE 1876, A 2 HEURES DU SOIR

DANS LA SALLE DES ACTES PUBLICS DE LA FACULTÉ

PAR

ALBERT GÉLINEAU

AVOCAT A LA COUR D'APPEL

POITIERS

IMPRIMERIE DE H. OUDIN FRÈRES

RUE DE L'ÉPERON, 4.

1876

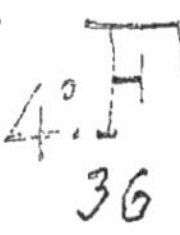

FACULTÉ DE DROIT DE POITIERS

MM. Lepetit (✻, I. ✿), *doyen, professeur de Droit commercial.*

Bourbeau (C. ✻, I. ✿), *doyen honoraire, professeur de Procédure civile.*

Ragon (✻. I. ✿), *professeur de Droit romain.*

Martial Pervinquière (✻. I. ✿), *Professeur de Droit romain.*

Ducrocq (✻ I. ✿), *professeur de Droit administratif.*

Arnault de la Ménardière, (A. ✿), *professeur de Code civil.*

Le Courtois, *professeur de Code civil.*

Thézard, *professeur de Code civil.*

Normand, *professeur de Droit criminel*

Parenteau-Dubeugnon, *agrégé.*

Arthuys, *agrégé.*

Pierron, *docteur en Droit, chargé, à titre de suppléant, du Cours de Procédure civile.*

M. Coulon, (A. ✿), *secrétaire agent-comptable.*

COMMISSION :

Président : M. BOURBEAU (C. ✻ I. ✿).

Suffragants :
- M. M. PERVINQUIÈRE (✻ I. ✿). — Professeurs.
- M. A. de la MÉNARDIÈRE (A. ✿). — Professeurs.
- M. LECOURTOIS. — Professeurs.
- M. NORMAND. — Professeurs.
- M. DUBEUGNON. — Agrégé.

A LA MÉMOIRE DE MON PÈRE

—

A MA MÈRE

—

A MA FAMILLE

—

A MES AMIS

DROIT ROMAIN

DES GARANTIES ACCORDÉES A LA FEMME POUR LA RESTITUTION DE SA DOT.

CHAPITRE PRÉLIMINAIRE.

DE LA DOT EN DROIT ROMAIN. — SES ORIGINES, SON CARACTÈRE.

Le régime dotal du Droit romain, quel que soit celui de ses aspects sous lequel on le considère, présente un sujet d'études intéressant à un double titre. D'une part, en effet, cette institution est intimement liée à l'histoire même de la famille romaine, et, d'autre part, la majeure partie des règles de ce régime ayant conservé, en passant dans notre législation moderne, leur caractère d'utilité pratique, leur développement successif nous offre un curieux exemple des transformations qu'une institution peut subir à travers les âges.

Les origines de la dot sont obscures : les recherches auxquelles se sont livrés les jurisconsultes et les historiens désireux de jeter quelque lumière sur les origines du régime dotal dans le Droit romain, n'ont point abouti à un résultat certain et indiscutable, et parmi les divers systèmes auxquels ces investigations ont donné naissance il n'en est pas un qui défie la critique et rallie toutes les opinions. On sait cependant d'une façon certaine que, dans les premiers siècles de Rome, la femme romaine, malgré son mariage, demeurait en principe, soit sous la puissance paternelle, soit sous la tutelle de ses agnats, mais que, le plus ordinairement [1], elle passait sous la *manus* de son mari qui était alors investi, quant à la personne et quant aux biens de la femme, d'une puissance absolue, identique à la puissance paternelle. Le mariage était célébré avec une cérémonie dont la pompe variait avec la fortune des époux ; la religion y présidait, et la jeune femme, voilée d'un *flammeum*, était conduite au milieu d'un cortége joyeux de parents et d'amis dans la maison de son époux : au seuil de la demeure conjugale les clefs de la maison lui étaient remises. Les poëtes se sont plu à faire connaître les détails de cette cérémonie qui, d'après l'appréciation de quelques jurisconsultes, cachait une exigence juridique : la tradition de la femme au mari ; et, suivant l'expression d'un Romaniste, « la joie du cortége et le charme de la poésie couvraient l'âpreté du droit ».

Dans les premiers siècles de Rome, la *manus mariti* était la conséquence inévitable du mariage lorsque l'union avait été accompagnée des formes solennelles de la *confarreatio* ou de la *coemptio*.

La *confarreatio* consistait en une solennité religieuse d'origine Etrusque : c'était un sacrifice accompagné de rites

1. Denys d'Halicarnasse, liv. 2, chap. 25.

symboliques. Ce mode semble avoir été réservé aux familles patriciennes : en effet, certaines dignités auxquelles les patriciens seuls pouvaient prétendre par exemple celles de *flamines majores*, ne se conféraient qu'aux citoyens issus de noces accompagnées de cette cérémonie « ex confarreatis nuptiis » (*Com. de Gaius*, 1, § 112. *Reg. d'Ulpien*, *fr. t. IX*). On s'explique difficilement qu'une cérémonie religieuse pût créer la *manus* : il est permis de supposer qu'au milieu du sacrifice offert aux dieux on prononçait une formule attribuant au mari, à l'égard de la femme, les pouvoirs compris dans la *manus*. Ceci paraît, au reste, résulter des textes : « *Certis* « *et solemnibus verbis præsentibus decem testibus* », disent Gaïus et Ulpien.

La coemptio consistait en une sorte de vente (*imaginaria venditio*, dit Gaïus (*Gaïus. Com. I.* § 113), qui avait lieu au moyen d'une *mancipatio* et avec le concours de cinq témoins, citoyens romains, pubères, et d'un porte-balance. Dans la *coemptio* la femme était l'objet même de l'acte juridique, et le mari acquérait la *manus per quamdam venditionem*. La *coemptio* était surtout usitée chez les plébéiens. Vente réelle à l'origine, la *coemptio* devint une vente fictive qui conférait au mari la *manus*, et qui disparut lorsque la *manus* tomba en désuétude. Elle existait encore au temps de Gaïus et des jurisconsultes ; sous Justinien c'est à peine s'il en reste le souvenir, et Tribonien ne la mentionne même pas aux Institutes.

Lorsque le mariage n'avait été accompagné ni de la *confarreatio* ni de la *coemptio*, la femme tombait *in manu* lorsqu'elle avait habité pendant une année sous le toit conjugal : il y avait dans ce cas *usus*. L'*usus* n'était donc pas autre chose que l'usucapion, par une année de possession, de la femme considérée comme une *res mancipi* mobilière. Mais la femme eut la faculté d'empêcher que ce mode d'acquisition ne produisît ses effets : il lui fallait, pour interrompre l'usucapion, s'éloigner pendant trois nuits consécutives du domicile conjugal : *usurpatum ire trinoctio*.

La femme *in manu* était incapable d'être propriétaire : elle ne pouvait rien posséder en propre. Si elle était *sui juris* au moment du mariage, et si elle possédait quelques biens, tout son patrimoine devenait la propriété du mari : c'était au profit de celui-ci une acquisition à titre universel. Mais ce n'était pas là une dot proprement dite : la transmission des biens de la femme dans le patrimoine du mari n'était qu'une suite forcée de la *conventio in manum*, et non pas une donation faite volontairement et dans un but spécial.

Si la femme était soumise encore, au moment du mariage, à la puissance d'un père ou d'un aïeul, elle n'avait pas de biens propres ; elle ne pouvait donc rien apporter à son mari. Pour le mari cependant, naissait de l'union contractée l'obligation de faire face aux besoins de la vie commune : les enfants étaient à sa charge exclusive et il eût été injuste que la femme ne contribuât en rien aux dépenses du ménage. Aussi, de bonne heure, l'usage s'était établi pour le futur époux de stipuler du père de famille une somme déterminée qui indemnisât le mari des charges qui lui incomberaient. Cet usage s'était d'autant plus répandu que cette libéralité du père n'était pour la fille que la compensation de la perte que la *manus* lui faisait subir relativement à ses droits de famille. Il n'était que juste que, renonçant implicitement à la succession de son père, la femme reçût au moins, en se mariant, une part quelconque du patrimoine de sa famille. Mais de ce don nuptial le mari devenait maître absolu. Les biens que la femme apportait ainsi au mari étaient perdus pour elle sans retour : elle n'avait aucun droit à en exiger la restitution. Libres dans le patrimoine du mari, ces biens étaient aliénables au gré de celui-ci, et après sa mort ses héritiers les recueillaient. La destinée de la dot était, en un mot, perpétuelle, et c'est l'idée qui nous a été transmise par Paul, à une époque où déjà elle n'était presque plus qu'un souvenir : *dotis causa perpetua est, cum voto ejus : qui dat ita contrahitur ut semper apud maritum sit* (L. I. D. de jure dotium).

La confusion de l'apport de la femme et du patrimoine du mari était complète et définitive, et cette confusion ne cessait même pas après la dissolution du mariage. Toutefois la femme, traitée *loco filiæ* et considérée comme la fille aînée de son mari et la sœur de ses enfants, acquérait des droits sur la succession de son époux. Si celui-ci prédécédait sans enfants, la femme recueillait tous ses biens ; s'il laissait des enfants, elle partageait avec eux. Telle était la condition de la femme *in manu mariti*.

Lors, au contraire, que la femme n'avait pas été mariée

avec *confarreatio* et n'avait pas été l'objet d'une *coemptio* ou d'une usucapion, elle ne changeait pas de famille. Or il advint que le mariage antique avec ses formes solennelles, qui donnait au mari une sorte de souveraineté, disparut entièrement et fit place au mariage libre, *per usum*, qui, par suite de l'habitude facile de l'interruption annale, ne produisit plus la *manus*. Dans ce mariage, parfait par le seul consentement des époux, la femme, si elle était *alieni juris* au moment du mariage, restait dans sa famille, ou, si elle était *sui juris*, conservait sa personnalité juridique. Dans l'un et l'autre cas, aucun de ses biens ne passait plus au mari par le fait même du mariage. Mais comme il était nécessaire qu'elle supportât sa part des charges du mariage qui pesaient sur le mari, elle se constituait, ou il lui était constitué en dot par ses parents ou même par un étranger, une certaine quantité de biens dont le mari devenait propriétaire.

Sous ce régime de même que sous le régime de la *manus* ni la femme ni ses héritiers ne pouvaient, après la dissolution du mariage, demander la restitution des biens apportés en dot, et, d'autre part, la femme étant demeurée en dehors de la famille de son mari, en s'unissant à lui par un mariage libre, elle ne pouvait, après le décès du mari, prétendre à aucun droit de succession sur ces biens venus de son chef ou donnés en sa considération. De plus, avec la dépravation des mœurs, la pratique du divorce s'était introduite à Rome. Le premier exemple fnt donné, en l'an 520, par Carvilius Ruga, et devint bientôt contagieux. C'est alors qu'apparurent tous les dangers du régime dotal ancien : lorsque le mariage venait en effet à se dissoudre par le divorce, les biens qui formaient la dot de la femme demeuraient au mari, qui, bien qu'il n'eût plus à supporter les charges du ménage, conservait cependant ainsi les avantages dont on ne l'avait gratifié que dans le but de lui rendre ces charges plus légères. Il semblait que l'on eût intéressé le mari lui-même à la répudiation. L'époux, en contractant mariage, avait, parfois, principalement pour but l'acquisition d'une dot qui lui permît de satisfaire ses brigues ambitieuses ou ses besoins de luxe ; puis brisant, sous un prétexte quelconque, le lien qui l'unissait à la femme, il recouvrait sa liberté tout en conservant la dot. Le mariage n'était plus qu'une spéculation, et le divorce permettait au mari d'en réaliser promptement les bénéfices.

C'est alors qu'il fallut songer à donner des garanties à la femme, et, afin de remédier à cette situation grosse de dangers, le constituant prit pour habitude d'imposer au mari, par stipulation, l'obligation de rendre la dot, la *res uxoria*, lorsque le mariage serait dissous. « Il est de tradition, dit « Aulu-Gelle [1], que, pendant près de cinq cents ans, il n'y eut « dans la ville ni dans le *Latium* aucune action relative aux « biens de la femme mariée. Le besoin sans doute ne s'en « était pas fait sentir parce que l'on ne voyait pas de mariage « dissous par le divorce. Aussi Servius Sulpicius a écrit, « dans son traité *de Dotibus*, que, pour la première fois, « après le divorce de Carvilius Ruga, on a regardé comme « nécessaire la caution de la femme, *reï uxoriæ* ». Ce fut le

1. Aulu-Gelle, IV, III.

premier coup porté à la puissance absolue du mari sur la dot. La constitution de dot prit dès lors un caractère nouveau ; la propriété des biens dotaux était transférée au mari par l'un des modes usuels de translation de la propriété ; ces biens se confondaient avec les siens, et il en avait la libre disposition ; mais on lui imposait l'obligation, dont l'exécution était le plus souvent garantie par des fidéjusseurs, de restituer ces biens lors de la dissolution du mariage. Dès que le but de la dot était rempli, la femme avait une action *ex stipulatu* ou *fiduciæ directa* pour recouvrer son apport. Il n'y avait point encore là, au reste, une protection spéciale accordée à la femme pour lui assurer la restitution de sa dot ; ce n'était qu'un moyen de se procurer une garantie que le droit commun laissait à sa disposition.

Puis cette stipulation passa tellement dans les habitudes que la dot perdit son caractère primitif. A l'idée d'une acquisition faite par le mari à titre universel et irrévocable avait succédé l'idée plus exacte d'une donation ayant un but spécial : permettre à la femme de contribuer aux charges du mariage présent, et, ce mariage dissous, d'en contracter un second : d'où on ne tarda pas à tirer cette conséquence que la dot, toutes les fois que la femme survivait au mariage, devait être restituée. Ainsi prit naissance l'action *rei uxoriæ*, action personnelle et de bonne foi, que l'on portait devant les arbitres, Cicéron nous l'apprend dans son traité de Officiis *(Offic. III*, 15*)*, et qui, donnée à la femme en l'absence de toute stipulation, tendait à la restitution de la dot en mêmes nature, qualité et quantité, ou au paiement de l'estimation quand il s'agissait de choses de consommation ou mises à prix par le contrat. Désormais l'idée de dot et l'idée de restitution seront indissolublement liées après être demeurées primitivement indépendantes l'une de l'autre, et on pourra définir la dot l'ensemble des biens apportés au nom de la femme au mari, « *ad onera matrimonii sustinenda* ». La stipulation ne cessera pas cependant d'être employée ; mais on n'y aura recours que pour assurer à la femme le bénéfice de garanties spéciales et plus puissantes. L'action *rei uxoriæ* en effet manquait souvent son but, car si, d'une part, le mari était tenu de restituer la dot lors de la dissolution, il n'en demeurait pas moins, d'autre part, propriétaire absolu, pendant le mariage, des objets dont elle était formée. Il pouvait dès lors, à ce titre, les aliéner valablement, les hypothéquer, les faire disparaître et rendre illusoire le droit à venir de répétition qui appartenait à la femme quant à ces biens.

Telle fut, jusqu'aux derniers temps de la République romaine, la condition de la femme quant à ses biens dotaux ; les progrès accomplis jusque-là peuvent se résumer ainsi : distinction du patrimoine de la femme et du patrimoine du mari ; constitution expresse d'une dot destinée à subvenir aux charges du mariage ; restriction apportée, dans le cas de dissolution du mariage, au droit de propriété du mari sur les biens dotaux, droit qui, primitivement, était absolu. Mais les droits de la femme n'étaient encore sanctionnés par aucune garantie autre que celle de l'action qui lui était accordée de plein droit. Nous examinerons successivement

causes sont, soit le prédécès de la femme, soit le prédécès du mari, soit enfin le divorce.

Dans le premier cas, les restrictions que l'intérêt de la femme imposait au principe d'après lequel le mari était propriétaire des biens dotaux, étant désormais sans objet, le mari survivant n'était, à l'origine, et en règle générale, tenu à aucune restitution. Mais certaines considérations d'humanité firent admettre une exception à cette règle générale, en faveur de l'ascendant paternel qui avait constitué une dot à sa fille. On considéra qu'il était équitable d'accorder au donateur le droit d'exiger la restitution d'objets primitivement affectés à soutenir les charges d'une union que la mort avait ensuite brisée. (*Ulpien fragm. V I.* §. 6.) Il eût été cruel, pensait-on, d'ajouter encore à la douleur du père qui pleurait sa fille, le chagrin de voir passer dans une autre famille les biens qu'il avait tirés de son patrimoine : « *Jure succursum est patri*, dit Pomponius dans la *L.* 6, *D, de Jure dotium*, « *ut, filia amissa solitii loco cede-* « *ret, si redderetur ei dos ab ipso profecta : nec et filiæ amissæ* « *et pecuniæ damnum sentiret* ». Il faut, au reste, observer que de même encore le mari restituait la dot si le constituant avait stipulé qu'elle lui serait rendue (*Ulpien fragm. VI*, §. 5).

C'est dans les deux autres cas de dissolution du mariage, à savoir lorsque le mariage était dissous par le prédécès du mari ou par le divorce, que naissaient, à proprement parler, les actions en restitution. Ces actions étaient au nombre de deux : l'action *rei uxoriæ*, qui avait été accordée à la femme à une époque que l'on ne saurait préciser, et qui lui compétait de droit commun ; la seule constitution d'une dot suffisait pour que cette action lui appartînt ; l'action *ex stipulatu* qui ne pouvait naître que d'une convention expresse, et dont l'usage, ainsi que nous l'avons dit, n'avait point disparu lorsqu'on avait pu compter sur l'action *rei uxoriæ* en dehors de toute stipulation, parce que l'action *ex stipulatu* procurait un secours plus énergique. C'est ici qu'il convient d'étudier ces deux actions ; examinons donc quelles différences existent entre elles.

I. L'action *rei uxoriæ* est une action de bonne foi ; elle est même *in bonum et æquum concepta* (*quidquid æquius melius*, est-il dit dans la formule) : le juge a donc dans cette occasion une latitude de pouvoir plus grande encore que dans les actions *bonæ fidei* ordinaires. C'est ainsi que si les choses dont se compose la dot ont été estimées, et que la femme ait été lésée par une estimation trop faible ou que les intérêts du mari aient souffert d'une estimation trop forte, le juge viendra au secours de la partie lésée, quelle qu'elle soit, et alors même qu'elle serait majeure (*L.* 6. *D. de jure dotium*). Cette règle constitue une double exception aux principes généraux : d'une part, en effet, d'après ces principes, l'estimation valait vente, et la lésion, quand elle devint une cause de rescision de la vente, dut être de plus de moitié du juste prix, et c'est en faveur du vendeur seul que la restitution put avoir lieu ; d'autre part, d'après les principes généraux, le majeur de vingt-cinq ans n'aurait pas été restitué s'il eût intenté toute autre action de bonne foi, l'action *venditi et empti*, par exemple.

— L'action *ex stipulatu* est une action de droit strict : les pouvoirs du juge y sont limités et ne peuvent excéder les termes mêmes de la stipulation.

2o Le mari défendeur à l'action *rei uxoriæ* jouit du bénéfice de compétence : il n'est tenu que *quatenus facere potest*, sous cette condition toutefois qu'il n'ait pas diminué ses biens par dol pour nuire à sa femme (L. *unica.* § 7. *C. de rei uxoriæ actione*) ; dans ce dernier cas en effet, comme dit Cujas, *dolus pro facultatibus est*. Le mari doit au reste, dans ce cas, fournir une caution et prendre l'engagement de payer le surplus de sa dette dès qu'il sera revenu à meilleure fortune (*L. unic.* § 7 *C. de rei uxoriæ actione)*. Ce bénéfice de compétence est, au contraire, refusé au mari contre lequel est exercée l'action *ex stipulatu*.

3o Lorsque la dot consiste en quantités ou en choses fongibles, le mari poursuivi par l'action *rei uxoriæ*, jouit, pour restituer la dot, d'un délai de trois ans, et il la restitue par tiers chaque année : « *dos si pondere, numero, mensurave contineatur, annuâ, bimâ, trimâ, die redditur, nisi ut præsens reddatur convenerit* » (*Fragm. d'Ulpien* 6 § 8). — L'action *ex stipulatu* au contraire ne laisse au mari que les délais insérés dans la stipulation.

4o La femme qui intente l'action *rei uxoriæ* ne peut cumuler l'exercice de cette action avec les avantages que le mari predécédé lui a faits soit par legs soit par fidéicommis : la femme doit donc opter entre le bénéfice de cette dernière disposition et l'exercice de l'action *rei uxoriæ* (L. unic. C. *de rei uxoriæ actione*). Cette interdiction a été établie par l'édit prétorien *de alterutro*. La femme doit au reste, après avoir fait connaître le choix auquel elle s'est arrêtée, s'engager envers les héritiers du mari à ne rien leur demander de plus, et une caution est exigée d'elle. — Lors, au contraire, que la femme agit par l'action *ex stipulatu*, elle peut cumuler avec le legs ou le fidéicommis la restitution de sa dot : elle est en effet créancière de sa dot : or le legs ne se confond point avec les créances.

5° Introduite bien moins dans l'intérêt de la femme elle-même que dans le but de favoriser les seconds mariages (« *cum dotatas esse feminas ad sobolem procreandam replendamque liberis civitatem maximè sit necessarium* », dit Pomponius dans la *L. 1, D. soluto matrim.*), l'action *rei uxoriæ* doit être strictement personnelle à la femme : elle ne prend jamais naissance dans la personne de ses héritiers, et elle ne se transmet à ces derniers que lorsque la femme ayant survécu à la dissolution du mariage, a mis son mari ou les héritiers de celui-ci, en demeure de restituer la dot. — La stipulation, au contraire, donne à la femme une action transmissible à ses héritiers, et que ceux-ci pourraient exercer lors même que la femme serait morte pendant le mariage, ou que, ayant survécu au mari, elle n'aurait pas mis en demeure de restituer la dot les héritiers de celui-ci.

6° Enfin le mari tenu de l'action *rei uxoriæ* peut exercer sur les biens dotaux certaines rétentions, tandis que l'action *ex stipulatu* n'en admet aucune.

— Telles sont brièvement énumérées les nombreuses

différences qui existent entre l'action *rei uxoriæ* et l'action *ex stipulatu* : il nous faut maintenant examiner en détail, en ce qui touche l'action *rei uxoriæ,* quelques-uns des points que nous avons seulement indiqués.

Nous avons dit que l'action *rei uxoriæ* était, en principe, strictement personnelle à la femme ; mais quelques distinctions sont nécessaires en ce qui touche l'exercice de cette action.

Lorsque la femme était *sui juris* au moment où il y avait lieu de réclamer la restitution de la dot, à elle seule appartenait l'action *rei uxoriæ,* quelle que fût la personne qui eût fait l'apport des biens dotaux. Si elle venait à mourir avant d'avoir exercé l'action, elle en transmettait le droit à ses héritiers sous cette condition qu'elle eût mis en demeure le mari ou ses héritiers *(Ulp. T. VI. § 7)* : cet effet de la mise en demeure de rendre transmissible l'action est digne d'être observé, car c'est à la *litis contestatio* qu'il appartient ordinairement.

Lorsqu'au contraire la femme était encore *filia familias,* elle n'avait pas un droit propre : c'était donc le père qui, d'après les principes rigoureux de la puissance paternelle, devait seul être admis à intenter l'action *rei uxoriæ.* Lorsqu'en effet la femme était encore soumise à la puissance du père de famille au jour de la dissolution du mariage, l'action *rei uxoriæ* entrait dans le patrimoine de l'ascendant, en vertu de ce principe du droit quiritaire « *solus paterfamilias in domo dominium habet* ». Cependant, dans l'espèce qui nous occupe, l'intérêt de la femme à recouvrer une dot qui lui permît de contracter un second mariage, avait fait fléchir la rigueur des principes ; le père ne pouvait valablement intenter l'action *rei uxoriæ* qu'en s'adjoignant la personne de sa fille » : *adjunctâ filiæ personâ* (*Ulp. Reg. VI* §. 6.) C'est pourquoi le jurisconsulte Paul exprime dans la *L.* 3 *D. solut. matrim.*, cette pensée que la dot est commune au père et à la fille ; et si, d'après le jurisconsulte Ulpien (*L.* 3 § 5 *D. de minoribus*), la dot est appelée le patrimoine propre de la fille », *dos est ipsius filiæ proprium patrimonium* », c'est parce que le père de famille, auquel appartient toujours le droit de retirer à son fils ou à sa fille le pécule dont il a donné à l'un ou à l'autre l'administration, est privé du droit de retirer à sa fille la dot qu'il lui a une fois constituée. — Il se pouvait même que la femme seule pût intenter l'action *rei uxoriæ*, quoiqu'elle fût encore sous la puissance du père qui avait constitué la dot. Il en était ainsi dans le cas où le père était absent, captif, exilé, ou en démence : dans ce dernier cas, si le père avait un curateur, c'était celui-ci qui agissait. Mais on exigeait de la femme qu'elle s'engageât à obtenir de son père la ratification de la restitution opérée, et cette promesse devait être garantie par des fidéjusseurs (*L.* 22 §§ 4 *et* 10 *D. Soluto matrim.*). De même encore le droit d'agir seule était accordé à la femme lorsque son père s'était refusé à exercer l'action, s'il paraissait que les valeurs dotales excédassent le montant de la fortune de son père (*Nov.* 97).

En dehors de ces cas, l'action appartenait exclusivement au père ; lui seul pouvait l'exercer. Mais, ainsi que nous l'avons dit, le père ne pouvait pas intenter valablement cette action sans s'adjoindre la personne de sa fille : il lui fallait le consentement et le concours de celle-ci. Le mari qui aurait payé la dot au père non assisté de sa fille se fût exposé à une réclamation de la part de cette dernière : cette réclamation toutefois eût été repoussée par l'exception de dol, s'il eût été prouvé que la femme eût profité de la restitution. On admettait cependant que le consentement de la femme suffisait. C'était au moment de la *litis contestatio* que ce consentement devait être donné (L. 22, § 5 *D. Soluto matrim.*) ; et si la dot avait été payée au père sans le consentement de sa fille, celle-ci n'eût pas perdu son action contre le mari (*L.* 2. § 1. *D. soluto matrim.*) à moins que la dot n'eût été donnée par le père à un second époux de la fille, ou qu'il n'eût institué celle-ci son héritière ou qu'il ne l'eût gratifiée d'un legs équivalant aux revenus de la dot. Enfin on exigeait pas que ce consentement fût exprès ; on alla même jusqu'à admettre qu'il suffisait que la fille ne contredît pas, et son silence s'interprétait comme un consentement lors même qu'elle était dans l'impossibilité de manifester sa volonté (*L.* 2. § 2. *D. Soluto matrim.*). C'est ainsi que si la femme était en démence, le père était autorisé à agir seul. Si la femme était absente, le père devait, avant d'agir, l'avertir et attendre sa réponse ; mais si la femme était trop éloignée ou si on ignorait le lieu où elle se trouvait, l'action était permise au père sans plus attendre. Dans ce cas le père devait toutefois s'engager à obtenir de sa fille la ratification (*L.* 2. § 2. *D. Solut. matrim.*). On allait même plus loin encore, car on considérait comme n'opposant aucune contradiction la femme dont le refus ne se justifiait pas par le danger de voir le père dissiper la dot qui aurait été restituée entre ses mains. Lorsque, au contraire, ce danger existait, le simple silence de la femme équivalait à un refus, et ce n'était que *causâ cognitâ* que l'on devait accorder l'action du père (*L.* 22. § 6. *D. Solut. matrim.*).

De même que le père ne pouvait pas, en dehors des cas que nous avons énumérés, exercer valablement l'action *rei uxoriæ* sans le concours ou le consentement de la femme, de même encore ce concours ou ce consentement lui était nécessaire pour recevoir valablement la dot que le mari ou ses héritiers offraient de restituer de plein gré. Cette faculté concédée à la femme *alieni juris* de paralyser la volonté de son ascendant est unique en droit romain, et on serait tenté de douter qu'elle eût existé à l'époque classique, si les textes les plus formels n'en faisaient foi. « *Divortio facto,* « *si quidem suî juris est mulier ipsa habet actionem, id* « *est dotis repetitionem, quod si in patris potestate sit,* « *pater, adjunctâ filiæ personâ, habet actionem rei uxo-* « *riæ, nec interest adventitia sit dos aut profectitia* », dit *Ulpien* dans le *titre* 6, § 6, de ses *règles*. La même pensée est reproduite dans les Sentences de Paul. « *Paulus respondit matrimonium quidem, repudio a patre misso, ipso* jure *solutum videri, sed non licere* patri filiam invitam a *marito adducere nec dotem repetere* posse, nisi filia *consentiente.* » Et dans la *loi* 28 *D. de jure dotium*, empruntée au même juriconsulte : « *Post nuptias pater non potest deteriorem causam filiæ facere, quia nec reddi ei dos, invitâ filiâ, potest.* » On ne peut expliquer cette dérogation au principe de l'omnipotence du père de famille qu'en la considérant comme une conséquence nouvelle du soin extrême que l'on prenait de faciliter les seconds mariages. La dot que l'ascendant recouvrait ne revenait pas aux mains de celui-ci comme un bien ordinaire : cette dot continuait d'être affectée à l'usage auquel elle avait été primitivement destinée ; et, dans la suite, la femme l'apportait à son second mari pour l'aider à supporter les charges de l'union nouvelle. Afin de garantir efficacement la conservation de la dot, on avait pensé ne pouvoir pas mieux faire que de concéder à la femme le pouvoir de surveiller elle-même les actes de l'ascendant relatifs à cette dot, et de les entraver si son intérêt personnel l'exigeait.

De ce principe que la restitution de la dot, dans le cas du divorce ou du prédécès du mari, avait pour but de rendre plus facile un second mariage de la femme survivante, il résultait que l'action en restitution lui appartenait personnellement et pour le tout au préjudice des autres héritiers, lorsque le père était mort ou l'avait émancipée avant d'avoir exercé l'action. Comment se pouvait-il que l'action qui d'abord appartenait au père eût passé à sa fille sans que le père en eût exprimé la volonté ? C'est que, ainsi que nous l'avons dit, ni l'action ni la dot n'appartenaient au père : c'est à la femme que l'une et l'autre appartenaient ; le père, ainsi que le dit Doneau (*Com. De jure Civili. lib. 14, cap.* 6, § 25) avait seulement l'exercice de l'action. Or en émancipant sa fille le père avait perdu tout intérêt au retour momentané que la dot eût fait entre ses mains, car l'obligation de doter sa fille avait cessé pour lui. L'action appartenait si bien à la fille que celle-ci pouvait l'exercer contre son père lui-même devenu l'héritier du mari (*L.* 44. *pr. D. Solut. matrim.*); et si, lors du décès du père, il y avait eu déjà jugement prononcé, l'action *judicati* appartenait à la fille. Enfin l'action en restitution ne passait pas aux héritiers du père et appartenait à la fille alors même que celle-ci était exhérédée.

Nous devons examiner maintenant quelle était l'étendue de la restitution que l'action *rei uxoriæ* avait pour but d'obtenir du mari. En principe, le mari devait restituer les objets dotaux en nature et sans réserves. Mais à cette double règle étaient apportées de nombreuses exceptions.

1° D'une part en effet, lorsque la dot comprenait de ces objets qui *pondere, numero, mensurave continentur*, le mari était tenu d'en fournir de semblables, en mêmes quantité et qualité. Lorsque la dot renfermait des corps certains, meubles ou immeubles estimés à l'époque de la constitution de dot, l'estimation en valait vente, et le mari devait restituer le montant de l'estimation qui en avait été faite, et non les objets eux-mêmes, à moins que le constituant n'eût déclaré que l'estimation faite des choses dotales n'en vaudrait pas vente : dans ce dernier cas le mari restituait ces objets en nature. De même encore lorsque l'aliénation des biens constitués en dot avait eu lieu sans aucune faute imputable au mari, le mari était dispensé de les restituer en nature. C'est en ce sens qu'il faut interpréter la *L.* 78, *D.* § 4. *D. de jure dotium* : « *Si fundus communis in dotem* « *datus erit et socius egerit cum marito communi divi-*

« *dundo, adjudicatusque fundus socio fuerit, in dote erit*
« *quantitas quâ socius marito damnatus fuerit; aut si,*
« *omissa licitatione, extraneo addictus is fundus fuerit,*
« *pretii portio quæ distracta est : sed ita ut non vice cor-*
« *poris habeatur, nec, divortio secuto, præsenti die quod*
« *in numero est restituatur, sed statuto tempore solvi*
« *debeat. Quod si marito fundus fuerit adjudicatus, pars*
« *utique data in dotem dotalis manebit; divortio autem*
« *facto, sequetur restitutionem, propter quam ad maritum*
« *pervenit, etiam altera portio, scilicet ut recipiat tantum*
« *pretii nomine a muliere, quantum dedit ex condemna-*
« *tione socio : nec audiri debebit alteruter eam æquitatem*
« *recusans, aut mulier in suscipiendâ parte alterâ quoque*
« *aut vir in restituendâ.* »

Dans ce texte, le jurisconsulte Triphoninus suppose qu'une quote-part d'un fonds indivis ayant été constitué en dot à la femme, le copropriétaire a tenté, avant que le mariage ne fût dissous, de sortir de l'indivision. Plusieurs hypothèses ont pu se présenter : il se peut que le fonds commun ait été adjugé au copropriétaire ; dans ce cas, la somme que celui-ci a payée est devenue dotale au lieu et place de la portion de l'immeuble aliéné à laquelle était attaché ce caractère, et le mari est alors tenu de restituer cette somme. Il se peut que le fonds au contraire ait été licité à un tiers : dans ce cas encore la part du prix correspondant aux droits de la femme sur l'immeuble est subrogée à ces droits, pour être restituée lorsque l'action *rei uxoriæ* vient à être exercée. Il se peut enfin que le fonds ait été adjugé au mari : dans ce cas, bien que la partie indivise constituée en dot ait été seule dotale pendant le mariage, l'immeuble entier doit être restitué à la femme qui devra toutefois rembourser au mari la somme qu'il avait été condamné à payer au copropriétaire.

2° D'autre part, la règle d'après laquelle la totalité de la dot devait être restituée, lorsque était exercée l'action *rei uxoriæ* souffrait, nous l'avons dit, quelques exceptions. Le mari avait en effet le droit d'exercer sur la dot certaines rétentions. Ces *retentiones ex dote* sont énumérées par *Ulpien au titre VI. § 9.* de ses *Règles.* « *Retentiones ex dote fiunt aut* « *propter liberos, aut propter mores, aut propter impen-* « *sas, aut propter res amotas, aut propter res donatas* ».

La rétention *propter liberos* était accordée au mari lorsque le mariage venait à se dissoudre par le divorce et que la faute en était imputable à la femme ou à l'ascendant sous la puissance duquel elle se trouvait. Le mari avait le droit de retenir autant de sixièmes de la dot qu'il y avait d'enfants. Cette retenue toutefois ne devait pas excéder les trois sixièmes de la dot, alors même qu'il y avait plus de trois enfants. Le but de cette rétention était double : on punissait ausi la femme ou l'ascendant de la faute que l'on avait à lui reprocher, et, d'autre part, le mari trouvait dans les biens qui étaient ainsi laissés entre ses mains les ressources nécessaires pour subvenir aux frais d'éducation des enfants nés du mariage dissous. Il est à propos de remarquer que, lorsque le mariage se dissolvait, cette rétention ne pouvait être faite que par voie d'exception : Ulpien dit en effet : « *non plus tamen quam tres sectæ in retentio-*

ne sunt, non in petitione ». Si le mari négligeait de faire valoir son droit avant la restitution, le bénéfice lui en échappait. Lorsque le mariage se dissolvait par la mort de la femme, le mari avait le droit de retenir sur la dot profectice autant de cinquièmes qu'il y avait d'enfants : dans ce cas, un maximum de rétention n'était pas fixé, et la rétention pouvait s'opérer, suivant les proportions indiquées, jusqu'à l'épuisement complet de la dot : « *mortua in matrimonio muliere dos a patre profecta ad patrem revertitur quintis in singulos liberos in infinitum relectis penès virum* », *dit Ulpien au T. VI. § 4 de ses Règles.*

La rétention *propter mores* était accordée au mari lorsque l'inconduite de la femme avait amené la nécessité du divorce; le mari avait le droit de conserver le *huitième* ou le *sixième* de la dot suivant que cette inconduite constituait une atteinte légère ou une atteinte grave aux mœurs. De l'adultère seul résultait une atteinte grave : « *morum nomine graviorum quidem sexta retinetur ; leviorum autem octava. — Graviores mores sunt adulteria tantum, leviores omnes reliqui.* » (Ulp. T. VI, § 12.) — Ces deux *rétentions propter liberos* et *propter mores*, étaient personnelles au mari, et les héritiers de celui-ci ne devaient pas en bénéficier. Les autres rétentions au contraire étaient transmissibles. (L. 15. § 1. D. *Solut. matrim.*)

La troisième cause de rétention consistait dans les impenses faites par le mari à l'occasion des choses dotales : il y avait là une véritable compensation. Mais il fallait distinguer si ces impenses étaient *nécessaires, utiles* ou *voluptuaires.*

Les impenses *nécessaires* étaient celles qu'on ne pouvait négliger de faire sans laisser la dot périr ou se détériorer, *velut si* quis *ruinosas ædes refecerit* ». (*Ulp. T. VI* § 15.) Au mari appartenait le droit de retenir les fonds dotaux jusqu'au parfait paiement des impenses de cette nature ; on lui accordait même la faculté, si la dot comprenait des sommes d'argent, de s'indemniser lui-même, sur ces sommes, des déboursés dont on devait lui tenir compte. Si le mari n'usait pas du droit de rétention et restituait la totalité de la dot, on lui accordait une *condictio indebiti* pour réclamer la valeur des impenses nécessaires, comme si, en restituant la dot entière, il eût payé plus qu'il ne devait. Les jurisconsultes admettaient en effet le principe : « *Necessarias impensas ipso jure dotem minuere.* »

Les impenses *utiles* étaient celles qui amélioraient la dot, mais n'étaient point indispensables à sa conservation : « *veluti si vineta et oliveta fecerit.* » (*Ulp. T. VI* § 16.) Le mari n'avait pas, à l'époque classique, une action pour recouvrer ces impenses ; mais il avait la faculté de les retenir sur les sommes dotales en vertu du principe qui prohibait les donations entre époux. (*L.* 11. § 1. *D. de impensis in res dot. fac.*) Cette faculté même lui était refusée si la femme n'avait pas autorisé ces impenses : à moins toutefois qu'elles ne fussent pas trop onéreuses.

Les impenses *voluptuaires* étaient le prix de la satisfaction d'un goût ou d'un caprice ; elles étaient de celles qui contribuaient peut-être à l'agrément de l'objet dotal, mais qui assurément n'ajoutaient rien à son utilité : « *Quod evenit in viridariis et picturis, similibusque rebus* » (*Ulp. T. VI.* § 17). Les impenses voluptuaires ne donnaient au mari ni action ni droit de rétention (*L.* 11. *pr. D. de imp. in res dot.*) ; celui-ci jouissait seulement de la faculté de détacher de l'objet dotal ce qu'il y avait joint, pourvu que ce fût sans dégradation. Si la femme, usant du droit qui lui était accordé, exigeait que l'objet dotal lui fût restitué dans l'état où l'avaient mis les impenses (*L.* 9. *D. de impr. in res dot.*), elle était obligée d'indemniser le mari de la somme entière qu'il avait déboursée. — Le mari exerçait aussi sur la dot des retenues destinées à l'indemniser de la perte des objets que la femme lui avait dérobés. « *Propter res amotas* ». Enfin le mari pouvait retenir sur la dot la valeur des objets dont il avait gratifié la femme : « *Propter res donatas.* »

L'action *rei uxoriæ* ne donnait point à la femme, nous l'avons dit, le droit d'exiger la restitution *immédiate* ; mais si le mari s'était rendu coupable de désordres graves de nature à entraîner la dissolution du mariage, il perdait, en tout ou en partie, le bénéfice des délais qui lui auraient été accordés. C'est ainsi que tout délai lui était refusé s'il avait commis un adultère ; si la faute était moins grave, les trois délais étaient réduits de moitié. Dans ce cas, si la dot se composait de corps certains destinés à être restitués sans délai, le mari supportait la perte des fruits produits par les biens dotaux pendant une période de temps égale aux délais dont il eût été déclaré déchu si la dot eût été composée de choses fongibles. « *In ea autem quæ præsens reddi solet, tantum de fructibus jubetur reddere quantum in illâ dote, quæ triennio redditur, repræsentatio facit.* » (Ulp. Reg. IV. § 13.)

Tels étaient les tempéraments apportés aux obligations du mari lorsque la femme réclamait les biens dotaux par l'action *rei uxoriæ*. L'action *ex stipulatu*, au contraire, n'admettait aucune rétention sur la dot. Voici quels étaient les moyens auxquels le mari devait, dans ce cas, avoir recours pour recouvrer ce qui lui était dû. Le mari, au lieu de la rétention *propter mores*, exerçait l'action *de moribus* pour obtenir le sixième ou le huitième de la dot, suivant les distinctions que nous avons fait connaître. Au lieu de la rétention *propter res amotas*, le mari exerçait l'action *rerum amotarum*. Au lieu de la rétention *propter res donatas*, il exerçait ou bien une action *in rem* soit *directe*, si les choses données existaient encore, soit *utile* si elles avaient servi à en acquérir d'autres ; ou bien une *condictio sine causa*, ou *ex injusta causa*, si les choses avaient été consommées ; l'action *ad exhibendum* et l'action de la loi Aquilia lui étaient accordées, si les choses avaient été détruites par dol. Enfin quant aux impenses, considérant que les impenses nécessaires diminuaient la dot de plein droit, on accordait au mari, qui avait restitué la dot sans retenir la somme dépensée, une *condictio indebiti* au moyen de laquelle il obtenait le remboursement des impenses *nécessaires*. S'il s'agissait d'impenses *utiles* faites soit avec le consentement de la femme, soit sans ce consentement, on hésitait à donner au mari l'action *mandati* ou l'action *negotiorum gestorum*, parce que la dot lui appartenant, il était réputé avoir fait la dépense sur sa propre chose : nous verrons que sous Justinien ces deux actions seront accordées au mari. Les impenses *voluptuaires* ne donnaient lieu à aucune action. Ajoutons que lorsque le mari, défendeur à l'action *rei uxoriæ*, avait négligé de faire les rétentions auxquelles il avait droit, ces diverses actions lui étaient encore accordées. Mais quant à la rétention *propter liberos*, elle disparaissait absolument lorsque la femme réclamait sa dot par l'action *ex stipulatu*, et le mari ne pouvait exiger par voie d'action, ni lorsque la femme ayant exercé l'action *rei uxoriæ*, il avait négligé de retenir les sommes auxquelles il avait droit en proportion du nombre des enfants, ni lorsque la femme avait exercé l'action *ex stipulatu*, la quote-part dont la rétention lui était accordée lorsqu'il était poursuivi par l'action *rei uxoriæ*.

Tels étaient la nature et les effets des actions que pouvait exercer la femme pour obtenir la restitution de sa dot. Ces actions, ainsi que nous l'avons fait observer, manquaient souvent leur but. Maître absolu des biens dotaux, le mari pouvait les aliéner sans que sa volonté se heurtât à aucun obstacle, et, s'il était insolvable au jour de la dissolution du mariage, la femme ne trouvait pas dans l'exercice de l'action qui lui était accordée la compensation de la perte des objets dotaux. La conservation de la dot était cependant un des objets des préoccupations les plus vives des jurisconsultes ; mais cette idée de la conservation de la dot, qui s'était introduite par l'action en restitution et s'était accréditée au point de faire fléchir tous les principes, avait cependant, jusqu'aux derniers jours de la République, respecté les droits conférés au mari sur les biens dotaux pendant la durée du mariage. Aucune loi n'était venue restreindre les pouvoirs du *dominus dotis* et si on veut donner à l'action *rei uxoriæ* le titre de garantie, il faut ajouter que c'était une garantie de droit bien plutôt que de fait, la créance de la femme pouvant devenir illusoire par suite de l'insolvabilité du mari. Le premier remède apporté à cette situation fut la règle de l'inaliénabilité du fonds dotal.

SECTION II.

DE L'INALIÉNABILITÉ DU FONDS DOTAL.

Ce fut par la Loi Julia *de Adulteriis* que s'introduisit dans la législation Romaine ce principe nouveau : « *Lege Julia de Adulteriis cavetur ne dotale prædium maritus, invitâ uxore, alienet.* » (*Sent. de Paul L. II. T.* 21, *bis*, § 2.) Ce fut une pensée politique, bien plus que la préoccupation des intérêts personnels de la femme, qui dicta cette loi dont la date paraît remonter à l'an 737 de la fondation de Rome, c'est-à-dire sous le règne d'Auguste. L'empire, épuisé d'hommes à la suite des longues guerres de la République, se dépeuplait avec une effrayante rapidité ; des unions nombreuses et fécondes étaient devenues nécessaires, car il fallait des citoyens pour défendre les immenses conquêtes auxquelles était arrivé l'état romain : dès lors la nécessité d'assurer à la femme la restitution intégrale de sa dot après la dissolution du mariage fut élevée à la hauteur d'un intérêt public, et les jurisconsultes proclamèrent ce principe fameux : « *interest reipublicæ mulieres dotes salvas habere propter quas nubere possunt* (*Paul. L.* 2 *D. de jure dotium*).

La prohibition de la Loi Julia ne s'adressait qu'au mari : lui seul en effet était propriétaire des biens dotaux, et, si ses droits étaient restreints et limités par les prohibitions de la Loi Julia, le mari n'en demeurait pas moins *dominus dotis*. Ce droit de propriété du mari sur la dot et la restriction qui y fut apporté ont été complétement mis en lumière par Gaïus dans son *Comm. II* § 62 *et* 63 : « *Accidit* « *aliquando ut qui dominus sit alienandæ rei potestatem* « *non habeat, et qui dominus non sit alienare possit. Nam* « *dotale prædium maritus, invitâ muliere, per legem* « *Juliam prohibetur alienare, quamvis ipsius sit, vel* « *mancipatum ei dotis causa, vel in jure cessum, vel* « *usucaptum.* » Le même jurisconsulte a, dans un autre texte (L. 49. *D. de furtis*), affirmé encore ce droit de propriété du mari, en accordant à celui-ci seul l'action *furti* dans l'hypothèse du vol des choses dotales : « *Item rei* « *dotalis nomine quæ periculo mulieris est, non mulier* « *furti actionem habet sed maritus* ». Pour que l'on refusât à la femme l'exercice de l'action *furti* malgré l'intérêt qu'elle avait à ce que le *furtum* n'eût pas lieu, il fallait bien que l'on considérât tout d'abord que le droit de propriété ne reposait pas entre ses mains; C'est ainsi encore que dans la L. 24. D. *de actionib. rer. amot.*, Ulpien a assimilé la chose dotale à la chose du mari, en ce qui touchait les conséquences d'un détournement commis par la femme, en accordant au mari le droit de revendiquer contre elle les choses dotales comme ses biens propres.

Ce n'est point au droit de propriété du mari sur les choses dotales, mais seulement au droit de disposition que la loi Julia a porté atteinte, et ce serait commettre une erreur que de croire que cette loi a établi au profit de la femme une sorte de domaine sur le fonds. Nous en trouvons la preuve dans la *L.* 7. *D. de fundo dotali*, aux termes de laquelle une servitude ne pouvait exister au profit du fonds dotal sur le fonds du mari ; il y aurait eu confusion, d'après Julien : c'est donc bien que sur le fonds dotal la femme n'avait retenu aucune fraction de la propriété. Il paraît cependant résulter de quelques textes que l'on devait considérer la femme comme propriétaire : c'est ainsi que dans la *L.* 24. § 5. *D. solut. matrim.*, Ulpien présente les esclaves dotaux comme étrangers au mari; dans la *L* 15. § 3. D. *qui satisd. cogantur*, la femme est dispensée comme le mari de fournir la *cautio judicio sisti*, qui devait assurer la comparution du plaideur devant le magistrat, et dont les seuls possesseurs d'immeubles étaient affranchis ; dans la *L.* 21. § 4. *D. ad municipalem* Paul décide qu'il ne faut pas comprendre la dot dans l'évaluation des biens propres qui soumettent le mari aux charges municipales. Il semble donc qu'il y ait quelque incertitude dans les diverses décisions des jurisconsultes et que leurs hésitations puissent se résumer dans cette phrase de Tryphoninus. « *Quamvis in bonis mariti dos sit, mulieris tamen est* » (*L.* 75. *D. de jur. dot.*) Mais la contradiction n'est qu'apparente : si les jurisconsultes ont été amenés à considérer, dans certains cas, la dot comme faisant partie du patrimoine de la femme, c'est en raison des avantages que la constitution de dot lui procurait pendant le mariage. La femme en effet jouissait de sa dot et en retirait un profit, puisque ses revenus formaient la part qu'elle consacrait aux charges de la vie commune. Elle avait, d'autre part, une créance éventuelle en restitution de sa dot que d'un moment à l'autre elle pouvait recouvrer par suite de la dissolution du mariage. Cette éventualité et l'intérêt de la femme à être dotée suffisent à expliquer les décisions des jurisconsultes ; ces décisions étaient dictées par l'équité, mais on ne peut en tirer la preuve que la propriété des biens dotaux ne reposât pas exclusivement sur la tête du mari. (M. Demangeat : de la Condition du fonds dotal en droit Romain *p.* 62.)

Examinons donc les restrictions que la loi Julia a apportés aux droits du mari sur les biens dotaux. Il nous faut rechercher quelle était la portée du principe d'inaliénabilité introduit par cette loi, quels biens il frappait, quelles exceptions lui étaient apportées, et quelle était sa sanction.

I. A quels biens s'appliquait la prohibition de la loi Julia?

Aux immeubles dotaux seuls. La loi Julia n'apporta aucune restriction au pouvoir du mari sur les meubles dotaux. Ces biens demeuraient aliénables entre les mains du mari. Ce point ne peut être mis en doute ; tous les textes nous présentent la défense de la loi comme s'appliquant au fonds dotal, au *fundus dotalis*, au *prœdium dotale*, aux *res soli dotales*, et aucun texte n'applique aux meubles la règle de l'inaliénabilité : « *dotale prœdium maritus, invita muliere, per legem Juliam prohibetur alienare quamvis* « *ipsius sit*, dit Gaïus au § 63, Comm. II, que nous avons « déjà cité ; *interdum lex Julia de fundo dotali cessat* » ; « *fundus dotalis servo legatus ad legem Juliam pertinet* », dit Paul dans *les Lois* 1 *pr. et* 3 *pr. de fundo dotali* ; enfin Justinien emploie, en parlant de la loi Julia, l'expression « *res soli* » (*Just. Inst. Lib. II T. VIII*), ce qui exclut bien les meubles. De plus, il est hors de doute que le mari, lorsqu'il était solvable, pût affranchir l'esclave dotal, sans que le consentement de la femme lui fût nécessaire (L. 21. D. *de manum.*, et L. 3. C. *de jure dotium*) : or l'affranchissement faisait sortir une valeur du commerce ; d'autre part, quiconque a la faculté de détruire un bien a le pouvoir de s'en dépouiller par voie de vente, d'échange, ou même de donation : donc le mari qui pouvait affranchir l'esclave avait assurément le droit de l'aliéner. Or l'esclave était un meuble, et même l'un des plus précieux qui fussent dans le patrimoine des Romains ; si donc l'esclave dotal était susceptible d'aliénation, à plus forte raison devait-il en être de même des autres effets mobiliers dotaux.

Les meubles incorporels étaient assimilés en ce point aux meubles corporels : plusieurs textes donnent au mari le droit de disposer des créances dotales et de les éteindre par novation ou acceptilation (Ulpien L. 35. *D. de jure dotium; Javolenus, L.* 66, § 6, *soluto matrimonio*), sans distinguer si ces créances avaient pour objet des meubles ou des immeubles. Sans doute il faut, pour se conformer à l'esprit de la Loi Julia, restreindre cette décision aux créances ayant pour objet des meubles.

Nous déciderons à plus forte raison que la femme pouvait, quel qu'en fût l'objet, aliéner la créance qu'elle avait contre son mari pour la restitution de sa dot, car la prohibition de la loi Julia ne s'adressait qu'au mari ; ajoutons seulement que, les donations étant prohibées entre époux, la femme ne pouvait abdiquer cette créance au profit de son mari. Ainsi elle pouvait se dépouiller, au profit d'un tiers, à titre gratuit ou à titre onéreux, de sa créance, en opérant ce transport soit par cession, en constituant le tiers *procurator in rem suam*, soit par délégation, le tiers stipulant du mari de manière à le libérer à l'égard de la femme (*L.* 3. § 5. *D. de minor.*).

La restriction apportée par la Loi Julia aux droits du mari sur la dot avait donc trait seulement aux immeubles dotaux, et par ces mots il faut entendre les immeubles urbains de même que les immeubles rustiques, c'est-à-dire les constructions de même que les terrains non bâtis situés soit à la ville soit à la campagne : « *Dotale prædium, dit Ulpien dans la L.* 13 *pr. D. de fundo dotali, accipere debemus tam urbanum quam rusticum : ad omne enim ædificium lex Julia pertinebit* » ; et les mots « *dotale prædium* » comprenaient également dans leur acception les quote-part d'immeubles constitués en dot. (*Même Loi*, § 1.)

Mais il se pouvait que le mari eû reçu en dot un fonds *provincial*; le fonds provincial était-il inaliénable entre les mains du mari de même que le fonds *italique ?* Sans doute la Loi Julia ne se prononçait pas explicitement sur ce point, car cette question faisait doute encore au temps de Gaïus. Justinien, il est vrai, dit au pr. du titre *quibus alienare licet vel non* (*Inst. L. II. Tit. VIII*), que la loi visait les fonds provinciaux ; mais la découverte des *Institutes de Gaïus* a prouvé que cette affirmation était erronée. Gaïus dit en effet au § 63 *du Comment.* II : « *Quod quidem jus utrum ad Italica tantum prædia an etiam ad provincialia pertinet dubitatur* » ; mais il est à présumer que la loi Julia défendait au mari l'aliénation du fonds dotal sans distinguer entre les fonds provinciaux et les fonds italiques, mais que les Prudents avaient cru devoir considérer comme exclus de cette prohibition les fonds provinciaux non investis du *jus Italicum* : la raison juridique de cette exclusion était sans doute que ces fonds n'étant pas susceptibles de propriété privée, et par suite d'*aliénatio* proprement dite, puisque le propriétaire était le sénat ou l'Empereur, n'avaient pas dû être compris dans la prohibition.

Il se pouvait que le mari n'eût pas sur les objets dotaux le *dominium ex jure Quiritium* par suite d'une considération autre que celle tirée de la situation de l'immeuble : ainsi le mari avait reçu de la femme un fonds qui n'appartenait pas à celle-ci ; mais il en était devenu possesseur de bonne foi ; on admettait, même dans ce cas, que le principe de la Loi Julia s'appliquait au fonds dotal. On n'exigeait point que le mari eût acquis le domaine quiritaire : il suffisait, pour que la règle de l'inaliénabilité fût appliquée au fonds, que le mari l'eût *in bonis*. Dans la *L.* 13. § 2 *D. de fundo dotali* Ulpien, il est vrai, semble exprimer une règle contraire : « *dotale prædium sic accipimus cum dominium marito quæsitum est, ut tunc demum alienatio prohibeatur* » ; mais Gaïus, dans son *Commentaire II*, § 40, explique que celui-là aussi peut être appelé *dominus* qui a seulement la chose *in bonis*, parce que la propriété qui autrefois était *une* à Rome de même que chez les autres peuples, s'est ensuite divisée en deux espèces : *divisionem* « *accepit dominium.* » D'autre part Paul dans *la L.* 14, *pr. D. de fundo dotali*, présente une hypothèse où l'immeuble est seulement *in bonis*; il n'hésite pas cependant à le déclarer dotal et inaliénable ; dans cette loi en effet le jurisconsulte suppose qu'une femme qui est fiancée à Titius remet à Mævius, d'après la volonté de son futur mari, le fonds qu'elle veut se constituer en dot, et le jurisconsulte dit que la condition de ce fonds sera la même que s'il eût été remis au mari, ce qui veut évidemment dire que le fonds sera dotal. Or il est certain que Mævius n'avait pu acquérir ce fonds pour le mari que par la tradition, car on ne pouvait pas représenter une personne dans les modes solennels de translation de la propriété. D'autre part, il s'agissait évidemment là d'un fonds italique, car aux fonds italiques seuls s'appliquait la *Loi Julia* pour l'interprétation de laquelle le texte de Paul était écrit, et par conséquent d'une *res mancipi* : or on ne pouvait, par la simple tradition, transférer sur les *res mancipi* la propriété quiritaire, mais seulement conférer le droit de propriété *in bonis* ; cependant le fonds en question était dotal et inaliénable ; d'où il faut conclure qu'il suffisait, pour qu'un fonds fût atteint par la règle de la Loi Julia, qu'il fût *in bonis mariti*.

Les effets de la dotalité s'attachaient pareillement aux objets acquis au mari à l'occasion des choses dotales : par exemple aux alluvions, aux produits *non fruits* et à toutes autres acquisitions faites par application de ce principe : *accessorium sequitur principale* ; si ces objets étaient immobiliers, ils devenaient inaliénables ; il en était de même encore des immeubles acquis au mari par l'intermédiaire de l'esclave dotal : « *fundus dotalis servo legatus ad legem Juliam pertinet quasi dotalis* ». Etait encore dotal et inaliénable l'immeuble qui avait été acquis par le mari lorsque la femme avait répudié l'hérédité ou le legs qui lui était dévolu, et que le mari était appelé à recueillir à son défaut, soit comme substitué, oit comme héritier ; il en était de même quant au fonds qui, légué conjointement au mari et à la femme, venait à échoir tout entier au mari, *jure accrescendi* ; par suite de la renonciation de la femme ce fonds tombait pour moitié sous l'application de la loi Julia. Il était toutefois nécessaire, pour qu'il en fût ainsi, que la femme exprimât, dans ces deux cas, que sa renonciation avait pour but la constitution d'une dot (*dotis constituendœ causâ*), et que le mari y donnât son consentement (*L.* 14. § 3 *D. de fundo dotali*) : le mari ne pouvait pas en effet être tenu de l'action *rei uxoriæ* sans qu'un acte de sa volonté l'eût obligé.

Il se pouvait que les objets qui devaient composer la dot ne fussent pas exactement déterminés dans la constitution de dot, et que le caractère de dotalité de ces objets, et par suite, leur inaliénabilité, dépendissent de la volonté de la femme ou de celle du mari. Ainsi une femme pouvait se constituer en dot ce dont son mari était débiteur envers elle : si nous supposons une dette alternative soit de deux fonds, soit d'un fonds, et d'une somme d'argent, et une dot constituée en ces termes : « *Quod mihi debes tibi doti erit* », il dépendra de la volonté du mari que la dot se compose, dans le premier cas, de l'un ou de l'autre des fonds, ou, dans le second cas, d'un fonds ou d'une somme d'argent. Si le choix appartenait à la femme, celle-ci avait la faculté de modifier son choix jusqu'au moment de la restitution de la dot, ou du moins jusques à ce qu'elle eût déféré à la sommation faite par le mari débiteur de se prononcer. Mais le droit d'option de la femme de même que celui du mari pouvait être restreint par les termes même de la constitution de dot : si le stipulant s'était servi des mots « *quem voluero* », il ne pouvait plus, après avoir fait connaître son choix, le modifier, tandis qu'au contraire l'expression « *quem volam* » laissait au créancier la faculté de modifier son choix jusqu'au dernier moment (*L.* 112. *pr. D. de verb. oblig.*).

Dans l'hypothèse d'une dette alternative de deux fonds,

le mari, lorsque le choix lui appartenait, pouvait l'exercer, soit en désignant expressément l'un des fonds soit en aliénant l'un d'eux : dans ce dernier cas, l'autre fonds devenait dotal. La femme ignorait, jusqu'à ce que le choix du mari se fût manifesté, quel immeuble devait être dotal, et jusque-là les deux fonds étaient également aliénables. Si le mari aliénait l'un, l'autre devenait dotal par suite de cette option implicite ; mais ce résultat était-il définitif ? Si le mari, se ravisant, regrettait de n'avoir pas imprimé le caractère de dotalité au premier immeuble plus tôt qu'au second, pouvait-il réparer sa faute ? Africain, dans la L. 9. § 3. *D. de fundo dotali*, répond affirmativement : le mari pouvait, en rachetant le fonds vendu par lui, imprimer à ce fonds le caractère de dotalité qu'il enlevait en même temps à l'autre immeuble. Il pouvait même vendre ce second immeuble avant d'avoir racheté le premier ; mais alors cette aliénation ne devenait valable que lorsqu'il avait, en rachetant le premier immeuble, imprimé à celui-ci le caractère de dotalité. Le caractère de dotalité pouvait donc passer d'un immeuble à un autre : c'est ce que *Paul* exprime en disant, dans la *L.* 10 *D. de fundo dotali* : « *potestas legis est ambulatoria* ».

La loi *Julia* ne s'appliquait pas aux immeubles apportés en dot avec estimation : en l'absence de toute clause contraire, l'estimation valait vente, et le mari devenait propriétaire de l'objet estimé, non plus en sa qualité de mari, mais en sa qualité d'acheteur ; les risques en étaient pour lui, et le montant seul de l'estimation était dotal. Il aurait toutefois fallu donner une décision contraire si l'estimation n'avait été faite que *taxationis causa*. Cette estimation n'avait pas en effet pour but d'enlever à l'immeuble le caractère de dotalité, en en transférant la propriété au mari, mais seulement de fixer la somme que le mari aurait eu à payer si cet immeuble fût venu à périr par sa faute en tout ou en partie. De plus, cette estimation augmentait la responsabilité du mari qui s'engageait tacitement à apporter à la conservation des choses ainsi estimées, non plus seulement les soins qu'il avait coutume de donner à ses propres affaires, mais encore les soins d'un bon père de famille. Au reste, on pouvait, au cours du mariage, transformer en une estimation « *taxationis causa* » au moyen d'un pacte, une estimation qui d'abord valait vente, et par là l'immeuble redevenait dotal. (*L.* 32 *D. de pactis dotalibus.*)

II. *A quelles personnes s'appliquait la loi Julia, et quels actes étaient compris dans sa prohibition?* La loi Julia paraissait retirer au mari seul le droit de disposer à son gré, comme le pouvait un propriétaire, du *prædium dotale*. Mais les jurisconsultes ne s'en tinrent pas à la lettre de la loi, et étendirent la prohibition à des personnes auxquelles n'appartenait pas le nom de *maritus*. C'est ainsi que par une juste interprétation de l'esprit de la loi on assimilait au mari le fiancé quand un fonds lui avait été transféré *dotis causa* avant le mariage : « *Lex Julia*, dit Gaïus, *quæ* « *de dotali prædio prospexit, ne id marito liceat obli-* « *gare aut alienare, plenius interpretanda est ut etiam* « *de sponso idem jus sit quod de marito.* » La même décision est donnée en termes formels par Paul, dans la *L.* 1. § 1. *D. de fundo dotali*, en ce qui concerne l'héritier du mari, et par Ulpien en ce qui concerne le maître sous la puissance duquel passe le mari réduit en servitude. Il en était de même encore quant au père de famille du mari, dans le patrimoine duquel entrait, en vertu de la *patria potestas*, l'immeuble dotal acquis par celui-ci ; et le fisc même, malgré sa solvabilité reconnue, n'échappait point à cette règle : lors donc que les biens du mari étaient dévolus au fisc, ce qui se produisait par suite de certaines condamnations pénales (mort, perte de la cité, de la liberté), le fisc, succédant aux dettes et aux obligations, ne pouvait aliéner le fonds dotal trouvé dans le patrimoine du mari (*L.* 2, § 1, *D. de fundo dotali*).

Ce que la loi *Julia* prohibait, c'était l'aliénation du fonds dotal « *invita muliere* » : toute aliénation était donc autorisée si la femme y donnait son consentement. La manifestation de ce consentement n'était au reste soumise à aucune solennité, le consentement pouvait valablement être exprès ou tacite, intervenir au moment de l'aliénation, ou, au contraire, se manifester, d'une manière quelconque, après l'acte même, sous forme de ratification (*L.* 50. *D. Solut. matrim.*). Mais il faut observer qu'à la femme seule appartenait le droit de valider l'aliénation par son consentement : alors même que la femme eût été soumise à la puissance paternelle et que la dot eût été *profectice*, le consentement du père eût été de nul effet.

Quels sont précisément les actes que la loi comprenait dans le terme général d'*alienatio*? *Est alienatio*, disent les empereurs Sévère et Antonin, *omnis actus per quem dominium transfertur.* » (*L.* 1. *C. de fundo dotali.*) Peu importait donc que l'acte fût à titre onéreux ou gratuit, entre-vifs ou à cause de mort; tout acte par lequel la propriété du fonds dotal était transférée à un tiers par le mari, « *invita muliere* », était nul. De ce principe résultaient les conséquences suivantes; le legs *per vindicationem* du fonds dotal fait par le mari à un tiers était annulé; il en était de même du legs *per damnationem* bien que ce legs ne conférât au légataire qu'un droit de créance : nous pensons en effet qu'il faut entendre la loi dans un sens très-large et annuler les actes par lesquels le mari avait donné même un droit de créance sur le fonds dotal.

Par aliénation du fonds dotal il faut aussi entendre le cas où le mari, par sa négligence, aurait laissé s'accomplir l'usucapion du fonds au profit d'un tiers. Il eût été en effet trop facile au mari d'éluder la prohibition, s'il eût pu laisser usucaper; peu importait au reste la bonne foi de l'usucapant, car là où la loi défendait l'usucapion la bonne foi n'était d'aucune utilité au possesseur (L. 24. *pr. D. de usurpat.*). Il faut toutefois distinguer si l'usucapion avait commencé avant que le fonds ne fût constitué en dot et s'était accomplie depuis, ou si elle n'avait commencé qu'après la constitution : dans le second cas seulement, elle était frappée de nullité; dans le premier cas, le tiers qui avait usucapé était devenu propriétaire. Cette décision est difficile à expliquer : car, en réalité, la propriété n'est transférée qu'au moment où l'usucapion est achevée; or, dans l'espèce, le fonds, à ce moment, était devenu dotal : c'est peut-être parce que l'usucapion n'était pas interrompue lorsque le possesseur cessait d'être de bonne foi, mais seulement lorsqu'il venait à perdre la possession ; peut-être aussi les jurisconsultes ont-ils eu égard à l'*initium usucapionis*, car à beaucoup de points de vue c'était à ce moment que l'on se plaçait pour rechercher si les conditions requises pour usucaper faisaient ou non défaut. Peut-être enfin avait-on pensé que lorsque le tiers possesseur était *in causa usucapiendi* avant le mariage, on avait moins à craindre que l'usucapion ne cachât une aliénation. Cette distinction est consacrée dans notre droit par l'art. 1561.

Mais la loi *Julia* s'appliquait-elle aux démembrements de la propriété et aux servitudes dues au fonds dotal? Disons d'abord que, malgré l'opinion contraire de Cujas, il semble que cette loi devait s'appliquer aux droits d'emphytéose et de superficie conférés au mari *dotis causâ*, parce que ces droits constituaient une sorte de *dominium*. Quant aux servitudes, Ulpien, dans la *L.* 5 *D. de fundo dotali*, s'exprime ainsi : « Julianus *scripsit neque servitutes fundo debitas* « *posse maritum amittere, neque alias ei imponere* ». Le mari ne pouvait donc établir sur le fonds dotal des servitudes prédiales ou des servitudes personnelles. Mais, en ce qui concerne l'extinction des servitudes, il en était des servitudes personnelles autrement que des servitudes réelles ; quant aux servitudes réelles, non-seulement elles ne pouvaient se perdre par un abandon direct, mais encore elles ne pouvaient s'éteindre par le non-usage : « *eum quoque alienare dicitur qui, non utendo, amisit servitutes* »(*L.* 28,

D. de verb. signific.). Ulpien, dans la *L.* 6. *D. de fundo dotali*, va même plus loin ; il décide que le fonds dotal dominant est à l'abri même de l'*usucapio libertatis* de la part du débiteur d'une servitude urbaine ; on ne devait pas tenir compte des efforts faits par le propriétaire du fonds servant pour reconquérir la liberté de ce fonds. Quant aux servitudes personnelles, elles pouvaient s'éteindre entre les mains du mari, soit par l'*in jure cessio*, soit par le non-usage (*Tryphoninus L.* 78. § 2, *de jure dotium*). Cette différence provenait sans doute de ce que la servitude personnelle n'augmentait pas autant que la servitude réelle la valeur du fonds dotal, et aussi de ce qu'une servitude réelle faisait essentiellement partie du *prædium dotale* dont parlait la loi *Julia* : on pourrait néanmoins reprocher au jurisconsulte *Tryphoninus* d'avoir, dans cette distinction, fait preuve de quelque subtilité. Lorsque la femme s'étant constituée en dot l'usufruit d'un fonds dont elle a la propriété, le mari a laissé s'éteindre par le non-usage cet usufruit, la femme, dans le cas où, au moment où cet usufruit s'est éteint, la nue propriété du fonds ne lui appartenait plus, a le droit de réclamer du mari, par l'action *rei uxoriæ*, la réparation du préjudice qu'il lui a causé (*L.* 78, § 2. *D. de jure dotium*).

Lorsque le mari acquérait la propriété d'un fonds sur lequel était établie, au profit du fonds dotal, une servitude réelle, cette servitude s'éteignait par confusion ; mais le mari était tenu, lors de la dissolution du mariage, de rétablir sur le fonds sur lequel elle pesait primitivement la servitude au profit du fonds dotal, s'il n'aimait mieux payer à la femme une indemnité.

II. Nous avons dit que la loi *Julia* interdisait au mari toute aliénation faite sans le consentement de la femme ; mais il fallait entendre par là tout fait volontaire dont le résultat était la translation de propriété. Lorsque, au contraire, c'était par suite de circonstances indépendantes de sa volonté, *ex causâ necessariâ*, suivant l'expression romaine, que le mari était dépouillé de la propriété, la loi *Julia* n'apportait aucun obstacle à l'aliénation. Les textes nous donnent des exemples de ces dérogations qui tenaient, les unes à une nécessité impérieuse, les autres à certains principes fondamentaux du droit.

Paul nous donne un de ces exemples dans la *L. 1. pr. D. de fundo dotali* : si le fonds dotal tombait en ruines et menaçait la propriété du voisin, celui-ci pouvait, si le mari lui refusait la *cautio damni infecti*, obtenir du préteur d'être envoyé en possession de l'édifice dotal : il avait ainsi le fonds dotal *in bonis*, et pouvait, par le moyen de l'usucapion, acquérir sur ce fonds le *dominium ex jure Quiritium* ; l'action en revendication était refusée à la femme. Sans doute, la cause de l'aliénation était le refus opposé par le mari à la demande d'une *cautio damni infecti*, et ce refus était un acte volontaire ; mais l'aliénation n'était pas considérée comme volontaire dans le sens qu'il faut ici attacher à ce mot, parce qu'elle n'avait pas été directe.

Nous trouvons une nouvelle application de la validité des aliénations nécessaires du fonds dotal dans un rescrit de l'empereur *Gordien* qui forme la *Loi 2, au Code de fundo dotali*. Si le mari avait reçu « *dotis causâ* », de la femme, ou d'un tiers, la moitié indivise du fonds Cornélien, il ne pouvait pas, sans enfreindre la Loi *Julia*, intenter contre le copropriétaire l'action en partage, parce que le partage, en droit Romain, était translatif de propriété ; mais si le copropriétaire intentait l'action « *communi dividundo* » ou « *familiæ erciscundæ* », le mari pouvait valablement défendre à cette action, sans le consentement de la femme, et l'aliénation qui résultait du partage effectué était valable comme ayant eu lieu *ex causa necessariâ*. Par suite une somme d'argent était substituée à la valeur dotale primitive; mais cette somme n'était pas subrogée à l'immeuble dotal, en ce sens que, pour le restituer, le mari, lorsque venait le moment de la restitution de la dot, jouissait des délais qui, nous le savons, lui étaient accordés pour la restitution des sommes d'argent et des quantités.

Enfin, si on admet qu'au temps des jurisconsultes Paul et Ulpien la résistance d'un défendeur à l'action en revendication ne pouvait pas être domptée *manu militari*, il faut reconnaître qu'il y avait encore aliénation nécessaire lorsque le mari, ayant revendiqué le fonds dotal, le défendeur s'obstinait à ne pas se dessaisir de l'immeuble[1].

Nous n'avons jusqu'ici traité que des aliénations à titre particulier; quant aux aliénations du fonds dotal *per uni-*

1. V. Demangeat, de la condition du fonds dotal en droit romain, p. 123 ; — Contra : Pellat, Exposé des principes généraux du droit romain sur la propriété n° 31.

versitatem, c'est-à-dire quant à la transmission de cet immeuble conjointement avec les autres biens du mari aux successeurs à titre universel de celui-ci, la Loi *Julia* ne les prohibait pas. Il n'y avait point à distinguer si cette transmission *per universitatem* procédait d'un acte volontaire du mari, ou lui était imposée par force majeure; c'était une conséquence forcée du principe d'après lequel le mari avait la propriété de tous les biens compris dans la dot. D'où il résultait que : 1º le mari transmettait le fonds dotal avec la masse de ses autres biens à son héritier, que celui-ci fût légitime ou testamentaire, héritier du droit civil, *bonorum possessor*, ou fidéicommissaire. — 2º Le fonds dotal était acquis au fisc, de même que les autres biens du mari lorsque celui-ci subissait la peine d'une confiscation, ou lorsque, le mari ayant laissé un héritier incapable ou indigne, le fisc prenait la place de cet héritier. — 3º Lorsque le mari subissait une *maxima capitis minutio*, le maître sous la puissance duquel il tombait acquérait la propriété de la dot (*L.* 1. *pr. D. de fundo dotali*). — 4º Lorsque le mari se donnait en adrogation, l'ensemble de ses biens, y compris la dot, était absorbé par le patrimoine de l'adrogeant; si le mari n'était pas *sui juris*, la dot passait des mains du père naturel du mari dans celles de son père adoptif (*L.* 46 *D famil. ercisc*) lequel était alors tenu de l'action *rei uxoriæ*, bien que la *capitis deminutio* eût pour effet général d'éteindre les dettes de l'adrogé (*L.* 8. *D. capite minutis*). — 5º Lorsque le mari était devenu insolvable, ses créanciers faisaient vendre ses biens, le *bonorum emptor* acquérait la dot avec la masse. — 6° Lorsque le mari contractait avec des tiers une société *totorum bonorum*, il perdait sur la dot son droit absolu de propriétaire, et ne conservait qu'un droit indivis.

Mais dans tous ces cas, sauf un seul, le caractère d'inaliénabilité attaché au fonds dotal suivait ce fonds dans le patrimoine des successeurs du mari, quels qu'ils fussent. L'exception unique que nous avons signalée se produisait dans le cas de la *venditio bonorum*, c'est-à-dire lorsque le mari étant en déconfiture, ses créanciers avaient obtenu du préteur l'envoi en possession des biens du mari et les avaient fait vendre en bloc. Bien que cette liquidation de la situation du débiteur n'entraînât pas la dissolution du mariage, on avait admis que le mariage serait réputé dissous, et, grâce à cette fiction, ou admettait la femme à réclamer par l'action *rei uxoriæ*, la restitution anticipée de sa dot : nous trouvons là l'origine de notre séparation de bien ; dans le cas où elle n'avait pas exigé cette restitution, si les créanciers du mari procédaient à une *venditio bonorum*, elle avait le droit de se présenter comme créancière (nous verrons plus loin quel bénéfice lui était accordé dans cette hypothèse); mais l'*emptor bonorum* recevait, confondus avec les biens propres du mari, les biens dotaux dégagés de toute entrave, et il pouvait en disposer comme de tous les autres biens compris dans l'acquisition qu'il avait faite.

A côté de la défense faite au mari d'aliéner le fonds dotal sans le consentement de la femme exista celle d'hypothéquer ce fonds même avec ce consentement. Cette seconde prohibition, plus sévère que la première, n'a rien qui puisse étonner ; on comprend aisément que l'hypothèque ait été interdite au mari, même muni du consentement de la femme, tandis que ce consentement validait une aliénation : tandis en effet que l'aliénation entrainait un dépouillement immédiat auquel la femme ne consentait qu'en parfaite connaissance de cause, il était à craindre que la femme ne méconnût le danger de l'hypothèque en se faisant illusion sur sa solvabilité future et sur celle de son mari. S'il faut en croire les témoignages des jurisconsultes du Bas-Empire, c'est par la Loi *Julia* que la prohibition d'hypothéquer le fonds dotal aurait été établie, en même temps que la prohibition relative à l'aliénation *(Instit. Pr. quibus alienare licet vel non)*, et à l'appui de cette affirmation on peut citer la L. 4. *D. de fundo dotali* qui établit formellement que la Loi *Julia* interdisait au mari d'aliénér ou d'hypothéquer le fonds dotal : « *lex* Julia *quæ de fundo* « *dotali prospexit, ne id marito liceat obligare aut alie-* « *nare* » (Gaïus). Sur la foi de ces textes, la plupart des interprètes, et parmi eux Cujas, ont enseigné que la Loi *Julia* interdisait au mari, d'une façon absolue, l'hypothèque du fonds dotal (*Cujas, ad* § *ult. C. de rei uxor. actione*). Mais de deux autres textes, l'un de *Gaïus* (*Comment. II* § 63), dont l'authenticité n'est point discutée, l'autre de *Paul* (*Sent.* 2. *II Tit. XXI B.* § 2), on doit conclure que la Loi *Julia* édictait uniquement la défense d'aliéner : « *dotale prædium maritus, invita muliere, per legem* « *Juliam prohibetur alienare* », dit Gaïus ; « *Lege Julia* « *de adulteriis cavetur ne dotale prædium maritus, invitâ*

« *uxore alienet* », dit Paul ; il n'est pas douteux en effet que si la Loi Julia eût interdit l'hypothèque, Gaïus et Paul ne l'eussent mentionné dans ces textes. Il faut supposer que les commissaires de Justinien ont ajouté dans la L. 4. *D. de fundo dotali* les mots « *aut obligare* » dans le but de mettre ce texte d'accord avec la L. *unic.* C. *de rei uxoriæ actione*. Ce qui doit au reste donner encore à penser que cette L. 4 a subi une interpolation, c'est que l'hypothèque n'était pas encore connue à Rome sous Auguste, ni même lorsque *Gaïus* écrivait le fragment qui est devenu la L. 4 : le droit Romain, qui n'en était encore qu'au contrat de *fiducie* à l'époque où fut faite la Loi *Julia*, arrivait seulement à pratiquer le *pignus* au temps où vivait Gaïus (*L.* 15. *D. de dote prælegatâ*). Si, à l'époque d'Auguste, il était question déjà de l'*obligatio fundi*, cette expression s'appliquait seulement à la garantie que l'État avait, de plein droit, sur les biens de ses débiteurs ; mais l'hypothèque, garantie accordée à un particulier, était encore inconnue en Italie.

Comment donc s'introduisit la prohibition absolue d'hypothéquer le fonds dotal ? Cette prohibition fut sans doute introduite par les *prudents*, comme une conséquence déduite du principe nouveau que le *sénatus-consulte Velléien* posa en défendant aux femmes d'*intercéder*, c'est-à-dire de s'obliger ou d'obliger leurs biens pour autrui. D'après le sénatus-consulte Velléien, la femme ne pouvait intercéder pour autrui, et par suite elle ne pouvait hypothéquer ses biens paraphernaux pour garantir la dette de son mari. Les jurisconsultes virent dans le consentement de la femme à l'hypothèque du fonds dotal une véritable *intercessio*, plus dangereuse encore puisqu'elle compromettait la dot. Etant donné que telle était l'origine de la prohibition, il faut admettre que l'hypothèque constituée sur le fonds dotal par le mari, muni du consentement de la femme, était valable, lorsqu'elle était destinée à garantir une dette personnelle de la femme ; dans ce cas en effet il n'y avait plus *intercessio*. Il faudrait donner la même solution dans l'hypothèse où la femme aurait trompé le tiers de bonne foi, à l'égard duquel elle s'obligeait : ainsi que le dit Ulpien (*L.* 2, § 3, *D. ad Senat. Vell*) : « *deceptis non decipientibus opitulatur*. »

SECTION III

SANCTION DU PRINCIPE DE L'INALIÉNABILITÉ DU FONDS DOTAL.

Lorsque le mari avait aliéné, contrairement à la prohibition qui en était faite, le fonds dotal ou un des démembrements du droit de propriété qui lui appartenait sur ce fonds, le contrat de vente était frappé de nullité : « *venditio non valet* », dit *Papinien* dans la *L.* 42, *D. de usurpat.* Non-seulement la tradition faite à l'acquéreur ne le rendait pas propriétaire, et ne le mettait même pas « *in causa usucapiendi* », comme il en eût été d'une chose volée puis vendue et livrée, mais encore les obligations qui, en principe, résultent d'un contrat de vente, ne prenaient même pas naissance : on refusait à l'acquéreur, fût-il de bonne foi, l'action *empti* tendant à l'obtention de dommages intérêts ; et on lui accordait seulement, s'il avait payé le prix, la *condictio indebiti* (*L.* 37, *D. de condict. indeb.*). Lorsque la vente avait été suivie d'une *mancipatio* ou de tout autre moyen de transférer la propriété, la loi *Julia* permettait d'exercer une action réelle contre l'acquéreur : la *revendication* s'il s'agissait de la pleine propriété ; toutefois, si, dans ce cas, le mari avait seulement le fonds dotal « *in bonis* », c'était l'action Publicienne qu'il exerçait ; l'*action confessoire* s'il s'agissait de servitudes appartenant au fonds dotal ; l'*action négatoire* s'il s'agissait de servitudes passives dont le fonds avait été indûment grevé pendant le mariage. Cependant il paraît résulter de la *L.* 1, § 5, *D. de except. rei vind. et trad.* que l'acquéreur pouvait opposer l'exception *rei venditæ et traditæ* à l'action réelle que l'on dirigeait contre lui pour recouvrer l'immeuble aliéné ; mais il faut supposer que l'effet de cette exception était annulé par l'insertion dans la formule du demandeur d'une réplique ayant trait à la nature dotale de l'immeuble revendiqué.

Par quelles personnes et à quelle époque pouvait être invoquée la nullité de l'aliénation faite par le mari au mépris des prohibitions de la loi ? Sur ce point plusieurs systèmes ont été proposés. D'après l'un [1], l'aliénation était valable à l'égard du mari, d'où il résultait que le mari ne pouvait, en aucun cas, revendiquer l'immeuble dotal qu'il avait aliéné, et que l'action en revendication compétait à

1. Wesenbec, Comment. in Pand. juris civ. L. 1. in fine (V. M. Demangeat, du Fonds dotal, p. 378-388).

la femme seule, qui toutefois ne pouvait exercer cette action qu'après la dissolution du mariage. D'après un autre [1], l'action en revendication était, dans tous les cas, refusée au mari ; mais la femme pouvait exercer cette action pendant le mariage même. Enfin, d'après un troisième [2], le mari avait le droit, pendant le mariage, d'exercer l'action en revendication du fonds dotal aliéné, et ce droit n'appartenait alors qu'à lui ; quant à la femme, ce droit ne lui compétait qu'au jour où elle pouvait exercer l'action *rei uxoriæ*, et après que le mari lui eût retransféré la propriété du fonds dotal ou cédé l'action en revendication. S'il ne cédait pas cette action à la femme, celle-ci devait obtenir du prêteur une action *utile* en revendication. C'est ce dernier système que commande la logique : en effet d'une part, quel était le propriétaire de l'immeuble aliéné ? C'était le mari. D'autre part, l'aliénation s'était-elle accomplie au profit d'un tiers ? Non, puisqu'elle était prohibée. Donc, le mari était propriétaire unique ; donc il pouvait seul revendiquer au cours du mariage. Cependant ce système a été vivement combattu : on objecte qu'une aliénation nulle ne pouvait être rescindée, sur la demande de celui qui l'avait consentie ; mais il est facile de prouver que cette affirmation n'est pas rigoureusement exacte, puisque le mineur de vingt ans jouissait du droit de recouvrer la chose dont lui-même s'était dessaisi (*L.* 3 § 1 *D. de minoribus*). Il y avait en effet, ainsi que nous l'avons dit,

1. M. Bachofen, Ausgewaltete Lehren (V. M. Demangeat, ibid.)
2. M. de Vangerow et M. Demangeat op. cit.

nullité non-seulement de l'aliénation, mais encore du contrat même de vente, au même degré que si ce contrat eût été conclu par un prodigue interdit. On a objecté encore que la L. 17. *de fundo dotali* refusant tout droit de revendication au mari qui gagnait la dot après la mort de la femme, il n'est que logique de prétendre que le mari était personnellement privé de ce droit, et ne pouvait l'exercer pendant le mariage. Mais ce raisonnement ne se soutient pas : si le mari, propriétaire définitif de la dot, ne pouvait alors revendiquer de l'acquéreur auquel il l'avait livré l'immeuble dotal, la cause de cette impuissance provenait de ce que l'intérêt de la femme avait cessé d'être en jeu, et de ce que le principe d'inaliénabilité, n'ayant plus alors aucune raison d'être, faisait place au principe général de la validité des conventions. Tandis que, jusques à ce que le mariage fût dissous, il fallait prévoir que peut-être, un jour, l'action *rei uxoriæ* naîtrait au profit de la femme : dès lors il y avait lieu d'appliquer *la loi Julia*, et le mari qui en avait violé les dispositions avait le droit de faire tomber une aliénation qui diminuait d'autant les garanties de la femme. Au reste la *L.* 17 *D. de fundo dotali* suppose *a contrario* que le droit de revendication appartenait au mari pendant le mariage.

Si le mari n'avait pas usé de ce droit de revendication avant que ne survînt la dissolution du mariage, la femme, sans aucun doute (il paraît impossible d'admettre une autre solution) ne pouvait exercer de son chef l'action en revendication contre l'acquéreur. En effet, au propriétaire seul appartient l'action en revendication ; or la propriété de l'immeuble avait été transférée au mari, et nous supposons que, depuis la dissolution, une retranslation de propriété ne s'était pas opérée en faveur de la femme. Toutefois, à défaut de toute stipulation, la femme avait le droit de réclamer le fonds dotal par l'action *rei uxoriæ*. La femme, au moyen de cette action, obligeait le mari à revendiquer lui-même le fonds, si mieux il n'aimait lui céder son action en revendication. Dans le cas où le mari se refusait à cette cession, la femme obtenait du prêteur une revendication utile. (*L.* 77. § 5. *D. de legatis.*)

Lorsque la femme venait à mourir après que le mari eut aliéné le fonds dotal, elle transmettait à son héritier, avec l'action *ex stipulatu*, ou l'action *rei uxoriæ* si le mari était en demeure, le droit d'obliger le mari à revendiquer le fonds aliéné, ou à lui céder son action. Mais si, avant la mort de la femme, le mari n'avait pas aliéné le fonds dotal, et s'il aliénait ce fonds avant que l'héritier n'eût exercé l'action *rei uxoriæ*, cette aliénation était valable, car le droit d'en demander la nullité, n'étant pas né dans la personne de la femme, n'avait pas été transmis par celle-ci à son héritier : or ce droit ne pouvait pas naître dans la personne de l'héritier, par ce motif que le principe de l'inaliénabilité n'était édicté que dans l'intérêt de la femme.

Il en était de même lorsque le mari était tenu de rendre la dot à un constituant étranger qui en avait stipulé la restitution (*L.* 3. § 1. *D. de fundo dotali*), et le père lui-même, alors qu'il reprenait la dot *profectice*, devait respecter les aliénations faites par le mari. Dans l'un et l'autre cas il ne restait au constituant que la ressource d'exiger du mari le paiement de la valeur du fonds aliéné.

SECTION IV.

DU PRIVILÉGE DE LA FEMME SUR LES BIENS DU MARI EN GARANTIE DE LA RESTITUTION DE LA DOT.

Les deux actions qui, suivant les cas que nous avons définis, appartenaient à la femme pour la restitution de la dot donnaient à la femme, à l'origine, les mêmes droits que ceux dont jouissaient les autres créanciers chirographaires : la femme était obligée de subir le concours de ces créanciers sur les biens du mari. La Loi Julia n'ayant pas édicté l'inaliénabilité des meubles dotaux, aucune garantie sérieuse n'assurait à la femme le recouvrement de sa dot mobilière. Cependant le législateur considérait de plus en plus la dot comme chose d'intérêt public, dont il fallait assurer la conservation, et il fut ainsi conduit à faire de la créance dotale une créance privilégiée. Protégée contre les tiers acquéreurs et contre les créanciers hypothécaires par la défense d'aliéner le fonds dotal et de l'hypothéquer, la femme obtint bientôt un privilége qui, attaché à ses actions en retitution, devait lui permettre de primer les créanciers chirographaires du mari. On ne sait pas exactement à quelle date il faut placer la naissance de ce privilége ; mais on suppose qu'il remonte à cette époque où tant de Lois furent promulguées dans le but de favoriser les mariages, c'est-à-dire au commencement de l'ère impériale.

Ce privilége, qualifié par les rares textes du Digeste qui le mentionnent, et notamment par la L. 74. *D. de jure dotium, de privilegium inter personales actiones*, n'était pas ce que, dans notre droit actuel, on appelle un privilége : il ne conférait à la femme aucun droit réel, mais lui assurait seulement la préférence sur les créanciers simplement chirographaires du mari. C'est ainsi qu'il faut entendre la *L. 1. D. Solut. matrim.* « *Dotium causa semper et* « *ubique præcipua est* » : « *ubique* » c'est-à-dire, selon Cujas, dans les provinces aussi bien qu'en Italie ; « *semper* » c'est-à-dire à quelque époque qu'ait lieu la restitution de la dot.

Il se pouvait que la créance de la femme, qui primait toutes les autres créances chirographaires auxquelles un privilége n'était pas attaché, alors même que ces créances fussent antérieures en date, se trouvât en concours avec d'autres créances munies aussi d'un privilége, et ce n'était pas toujours l'intérêt de la femme qui l'emportait. C'est ainsi qu'en cas de concours entre le privilége de la femme et celui du fisc poursuivant le recouvrement de ses créances contre les administrateurs comptables, le privilége du fisc obtenait le premier rang (*L. 3. C. de primipilo*) ; cependant le rang du privilége du fisc paraît avoir varié suivant les époques, et il semble résulter de la L. 9. C. *de jure dotium* que pendant longtemps le privilége de la femme fut préférable au privilége de l'Etat. Dans cette L. 9, il est vrai, on remarque le mot « *postea* », et Cujas en a tiré cette conclusion que des deux priviléges dont nous recherchons ici le rang, celui-là l'emportait qui était antérieur en date (*Cujas, Recit. Solem. ad lib. 5. C. tit.* 12) ; mais on peut supposer que le mot « *postea* » n'exprimait qu'une circonstance accidentelle du cas réglé dans le rescrit.

La créance de la femme était primée encore par la créance relative aux frais funéraires (*L.* 45 *D. de religiosis*). Cujas estime que l'on devait préférer aussi à la créance dotale celle d'un individu qui avait déposé de l'argent chez le mari banquier, « *si nummi extent* » par ce motif que ce déposant « *fidem publicam secutus est* » (*L.* 7. § 2. *D. depositi*). Enfin les frais d'inventaire et ceux de la vente des biens étaient payés avant toute autre créance (*L.* 8. *D. depositi*). — *L.* 72. D. *ad leg. Falcid.* — *L.* 22. § 9. *C. de jure delib.*) Le *privilegium dotis* avait un caractère tout particulier : il était attaché tout à la fois à la nature de la créance et à la personne de la femme : à la nature de la créance, parce que l'intérêt public exigeait que la femme conservât la dot qui lui rendrait plus facile une union nouvelle ; à la personne, parce que son ignorance des affaires et sa faiblesse la désignaient à la sollicitude du législateur. Il en résultait que, d'une part, ce privilége était refusé au père de même qu'aux héritiers de la femme, et que, d'autre part, il était inapplicable au recouvrement des créances non dotales.

Il faut cependant observer que les jurisconsultes avaient, par extension, rattaché ce privilége aux *condictiones sine causâ* ou *ob rem dati re non secuta* qui, dans certains cas, tenaient lieu à la femme de l'action *rei uxoriæ*. Ainsi lorsque des fiançailles n'étaient pas suivies du mariage, ou lorsque le mariage était déclaré nul, par exemple pour défaut d'âge compétent, la femme, pour répéter sa dot, avait une *condictio sine causâ* à laquelle on attacha un *quasi privilegium* (*L.* 17. § 1. *D. de reb. auct. jud.*). De même la femme qui, ayant épousé un esclave qu'elle croyait libre, avait ensuite reconnu son erreur et avait exercé la *condictio sine causa* contre le maître de son prétendu mari, pour recouvrer sa dot en raison de la nullité du mariage, jouissait du privilége. *Ulpien* nous dit, dans la *L.* 22. § 13. *D. Soluto matrim*, que la femme, grâce à ce privilége, primait les autres créanciers de l'esclave sur tout le pécule de celui-ci, et le maître lui-même sur toutes les choses dotales comprises dans ce pécule, soit que ce fussent les choses dotales mêmes que l'on y retrouvât (et alors même que ces choses eussent été apportées avec estimation), soit que ce fussent des objets achetés avec la valeur des choses dotales, *ex dote comparatæ*. Cette dernière décision, contraire aux principes généraux du droit en matière de pécule (*L.* 52 *pr. D. de peculio*), est basée uniquement sur une raison d'équité; il y aurait eu dol, de la part du maître, à prétendre exercer des droits sur les choses dotales que la femme avait mises dans le pécule (*L.* 36 *D. de peculio*). On ne peut donc tirer argument de cette décision, ainsi que l'a fait Pothier, pour soutenir qu'à l'époque classique la femme réclamait les biens dotaux, non pas à titre de créancière, mais à titre de propriétaire. Nous avons dit que lorsque le mari avait aliéné le fonds dotal contrairement à la prohibition de la loi *Julia*, la femme avait le droit, lorsqu'elle répétait sa dot, d'exercer l'action en revendication que lui avait cédée le mari, ou une action en revendication utile que lui accordait le préteur ; mais aucun texte n'établit d'une façon formelle qu'en dehors de ce cas, la femme ait pu, à l'époque classique, procéder par voie de revendication des choses dotales.

Tel est l'ensemble des dispositions prises par le législateur et développées peu à peu par les jurisconsultes, jusques à l'époque de Justinien, pour empêcher que les biens dotaux ne sortissent du patrimoine du mari, et assurer ainsi à la femme la conservation des biens dotaux. Il nous reste à examiner si la femme avait le droit de renoncer au bénéfice des sûretés qui garantissaient la restitution de sa dot. Nous croyons pouvoir affirmer qu'en ce qui touchait le privilége personnel attaché aux actions de dot, ce droit de renonciation était refusé à la femme pendant la durée du mariage. En effet, ce privilége nous est présenté par Paul, dans la L. 2. D. *de jure dotium*, comme étant d'ordre public : or les droits de cette nature n'ont à redouter aucune atteinte des conventions des parties : « *privata conventio juri publico nihil derogat* ». (*Paul Sent. L. I.* §. 6). Telle était la règle pendant toute la durée du mariage.

Lorsque, au contraire, le mariage était dissous, la femme avait la faculté de disposer de l'action *rei uxoriæ* qui avait pris naissance en sa personne, et, par suite, elle jouissait du droit d'abandonner la sûreté attachée à sa créance primitive. La perte du privilége, nous dit *Paul* dans la *L.* 29, *D. de novation*, résultait de la convention par laquelle la femme, après la dissolution du mariage, novait sa créance avec son mari ou avec un tiers : « *Perit privilegium dotis si post divortium dos in stipulationem deducatur* ». Ne semble-t-il pas logique d'admettre que, si la femme avait la faculté de se dessaisir par ce moyen de son privilége, elle eût aussi le droit d'y renoncer directement ?

Ce n'est point, au reste, le seul exemple de pactes interdits entre époux pendant la durée du mariage, et permis après la dissolution. On ne permettait pas à la femme de renoncer, pendant le mariage, au droit qui lui compéterait, après la dissolution, de demander la restitution de sa dot, tandis qu'un tel pacte eût été valable après la dissolution du mariage.

Mais la femme avait la faculté de renoncer, pendant la durée même du mariage, aux sûretés qui étaient nées pour elle d'une convention spéciale. Aucun motif d'ordre public ne s'opposait en effet à ce qu'une convention lui enlevât un droit qu'une convention lui avait donné. Il se pouvait que ces sûretés fussent soit une hypothèque spéciale soit l'engagement de fidéjusseurs ; toutefois des constitutions impériales paraissent avoir défendu, vers la fin du ve siècle, que les fidéjusseurs fussent donnés à la femme par le mari comme garantie de la restitution.

La renonciation de la femme à ces garanties convention-nelles pouvait être expresse ou tacite : si la femme concourait à la vente faite par le mari d'un bien qui avait été affecté par hypothèque à la garantie de la restitution de la dot, ou si elle concourait à la donation *propter nuptias* faite par le mari à la fille (*L.* 11. *D. quibus modis pignus vel hypoth. solvitur*), elle était réputée avoir ainsi renoncé à l'hypothèque qui lui appartenait sur les biens composant la donation faite par le mari. A cette époque, comme dans notre temps, on avait donc parfois intérêt à exiger, en contractant avec le mari, le concours de la femme. La femme était encore réputée avoir renoncé à son hypothèque lorsqu'elle permettait que le bien grevé de cette hypothèque fût hypothéqué à un autre créancier (*L.* 12. *D. Quibus modis pignus solvitur* : *L.* 12. *D. qui potiores in pignore*).

Une difficulté toutefois pouvait s'élever dans ce dernier cas : devait-on attribuer à la renonciation de la femme des effets absolus ou des effets simplement relatifs à l'égard des autres créanciers ? La renonciation de la femme profiterait-elle à tous ces créanciers, ou n'avait-elle pour effet que de donner au créancier au profit duquel l'intervention s'était produite, le droit de primer la créance de la femme ? Paul, dans la *L.* 12. *D. quibus modis pignus*, vient à l'appui de la première opinion, et les partisans de la seconde peuvent s'appuyer sur la *L.* 12 *D. qui potiores in pignore;* dans cette loi *Marcien* laisse à l'appréciation des juges les effets de la renonciation, effets qui, suivant lui, ne dépendent que de l'intention du créancier renonçant. D'après *Cujas* (*ad lib.* 16 *Dig*) la décision de *Paul* n'était applicable que lorsque le créancier renonçant avait déclaré vouloir se dépouiller de son hypothèque d'une façon absolue, *in rem*, et non en faveur d'un créancier désigné, « *in favorem* ». Le texte de *Marcien* semble plus conforme que celui de *Paul* aux principes généraux du droit, et principalement à la règle *res inter alios acta aliis nec nocet nec prodest*. Au reste la Constitution d'Anastase exprime formellement, dans sa seconde partie, que le droit de profiter de la renonciation ne doit appartenir qu'au créancier avec lequel la femme aura contracté.

Des textes positifs, parmi lesquels nous citerons encore la *L.* 7. § 6. *D. deDonat. inter virum et uxorem*, la *L.* 11. *D. ad senatus cons velleianum* et la *L.* 21 au même titre, confirment la faculté laissée à la femme de faire cette renonciation, et nous apprennent, d'autre part, que l'on ne devait voir dans cet abandon ni une donation prohibée entre époux, ni une intercession défendue par le S.-C. Velléien. C'est ainsi encore que, dans la *L.* 8. *pr. D. ad S-C. Velleianum*, *Ulpien*, distinguant entre la constitution d'une hypothèque au profit d'un tiers, et la renonciation à l'hypothèque constituée sur le bien du mari, décide que le caractère d'une intercession prohibée, qui vicie le premier de ces actes, ne peut pas être reconnu dans le second. La différence que fait le jurisconsulte entre ces deux actes se justifie par cette considération que, lorsque la femme s'obligeait pour son mari, il fallait craindre que son inexpérience ne l'empêchât de mesurer l'étendue du préjudice éventuel qu'elle s'exposait ainsi à subir, tandis que lorsqu'elle renonçait à une hypothèque, elle ne pouvait ignorer qu'elle perdait cette garantie sans espoir de la recouvrer, et, par suite, elle devait apprécier le sacrifice immédiat et certain qu'elle consentait.

Nous avons terminé l'exposé des garanties qui, antérieurement au règne de Justinien, furent accordées à la femme pour assurer la restitution de sa dot ; cette expression *assurer*, toutefois, est impropre, car ces garanties, ainsi que nous l'avons constaté, ne mettaient pas la dot de la femme à l'abri de tout danger ; bien des lacunes restaient encore à combler pour soustraire à toute atteinte les biens qui composaient la dot : tel fut le but auquel tendirent les réformes de Justinien. Il nous reste à exposer ces réformes et à en déterminer le caractère.

CHAPITRE II.

DROIT DE JUSTINIEN.

Un principe domine dans les innovations de Justinien : assurer à tout prix la conservation de la dot en décrétant l'inaliénabilité absolue des biens dotaux, et en frappant la femme de l'incapacité de s'obliger dans l'intérêt de son mari. Mais jusques au règne de cet empereur, des raisons politiques avaient seules provoqué le développement successif des garanties dont on avait entouré la dot : avec ce règne on entra dans une phase nouvelle. A l'intérêt public qui avait inspiré la Loi Julia s'était substitué peu à peu, dans le cours des siècles, l'intérêt collectif de la femme, de ses enfants et de sa famille ; d'autre part, tandis que les législateurs et les jurisconsultes de la Rome payenne avaient eu pour but d'encourager les secondes noces ; le christianisme, au contraire, était venu condamner les seconds mariages. La dot cependant demeura une institution d'ordre social ; mais ce fut pour elle-même que la femme fut protégée, et la maxime des anciens jurisconsultes ne fut plus conservée que dans sa première partie : « *Reipublicæ interest mulieres dotes salvas habere* ». Aussi exagéré dans ses faveurs que la vieille Loi Romaine l'avait été dans ses rigueurs, Justinien opéra, en cette matière, des réformes nombreuses, et la femme mariée lui dut des priviléges que l'on oserait presque qualifier d'exorbitants, et qui valurent à l'empereur le surnom *d'uxorius*.

La première de ces réformes date de l'an 529. Par une constitution, devenue la *L.* 30 *C. de jure dotium,* Justinien accorda à la femme : 1° une hypothèque privilegiée sur les choses dotales ; 2° une action en revendication de ces mêmes choses. Examinons successivement la portée de l'une et l'autre innovations.

Hypothèque privilégiée. Le *privilegium inter personales actiones* que l'aucien droit avait accordé à la femme, la protégeait seulement contre les créanciers chirographaires du mari. La dot était-elle immobilière : la femme, il est vrai, grâce à la défense d'hypothéquer le fonds dotal, n'avait à redouter que les créanciers qui tenaient leurs droits de la loi ; mais si la dot était mobilière, la femme pouvait être primée par tous les créanciers auxquels le mari avait conféré une hypothèque sur les biens dotaux. Justinien voulut combler cette lacune : distinguant les biens dotaux apportés, soit par la femme elle-même, soit au nom de la femme, au mari, des autres biens de ce dernier, il maintint sur ces autres biens le *privilegium*, mais conféra sur les biens dotaux à la femme une hypothèque privilégiée, grâce à laquelle elle primait même les créanciers antérieurs au mariage qui avaient reçu, avant l'apport de la dot, une hypothèque sur les biens à venir du mari. Cette hypothèque privilégiée grevait les meubles comme les immeubles ; peu importait même que les meubles fussent estimés ou non. Les biens dotaux, aliénés par le mari, ne passaient donc dans le patrimoine de l'acquéreur que *salvo jure mulieris*, et la femme conservait le droit de poursuivre ces biens dans les mains des tiers, sous deux conditions, à savoir, pourvu que ces biens eussent conservé leur forme matérielle, « *si tamen extant* », dit la loi, et pourvu que la femme n'eût pas concouru à la vente ; mais il faut observer que l'aliénation de l'immeuble dotal n'étant valable que si la femme y avait donné son consentement, on peut supposer que, le plus souvent, l'acquéreur exigeait du mari qu'il obtînt le consentement de la femme, et celle-ci en raison de son concours à la vente était privée même de son hypothèque. Mais l'utilité de l'hypothèque privilégiée était grande lorsque la femme exerçait son droit de suite contre l'acquéreur de l'immeuble dotal aliéné *ex causa necessaria*, ou lorsqu'elle exerçait son droit de préférence vis-à-vis des créanciers au profit desquels la loi, ainsi que nous avons eu l'occasion de le dire, constituait une hypothèque nécessaire (le pupille, le mineur de 25 ans) et qui, avant la Constitution de Justinien, primaient la femme.

Action en revendication. — La concession à la femme d'une hypothèque privilégiée sur les biens dotaux paraît avoir été, dans la constitution de l'an 529, l'objet principal des préoccupations de Justinien, et la seconde partie de la loi semble n'avoir eu pour but que de motiver et de justifier la première. Dans cette seconde partie, Justinien accorde à la femme l'action en revendication des choses dotales aliénées par le mari. L'empereur motive cette innovation en disant qu'en réalité, « *rei veritate* », c'est la femme qui est propriétaire des choses dotales, et que ces choses ne sont passées dans le patrimoine du mari que par une *subtilité* des lois (*legum subtilitate*).

En logique pure, sans doute, les deux qualités de créancier hypothécaire privilégié d'un bien et de propriétaire de ce même bien sont inconciliables; le créancier hypothécaire poursuit le bien d'autri; celui qui revendique poursuit sa propre chose; mais il ne faut voir dans la Constitution de l'an 529 qu'une fiction imaginée par le législateur pour expliquer ses dispositions et justifier ses faveurs. Pour faire du régime dotal un régime homogène et logique, il eût fallu rompre entièrement avec les traditions du passé, et voir les choses comme elles étaient dans la réalité. Le vieux droit quiritaire avait fait son temps; ses rigoureuses solennités, ses formalités étroites étaient d'un autre âge; elles devaient céder devant les principes de droit naturel et d'équité que la législation prétorienne, suivant en cela le progrès des mœurs, avait introduits peu à peu. Mais Justinien, dans la constitution de l'an 529, n'était point allé jusqu'à les abroger en ce qui concernait la dot : un progrès considérable sans doute, était réalisé ; mais il y avait là comme une législation indécise qui n'était pas sûre d'elle-même et qui n'osait pas s'affirmer. On peut invoquer à l'appui de ce système la *L.* 7 § 1. *D. de fundo dotali* dont l'insertion au Digeste serait inexplicable, si, sous Justinien encore, le mari ne devenait pas propriétaire du fonds dotal ; comment en effet, si la propriété du fonds dotal résidait aux mains de la femme, la servitude due à ce fonds par le fonds du mari s'éteindrait-elle par confusion ? La vérité est que rien n'était changé aux anciens principes sur la propriété de la dot ; il n'y avait qu'une fiction de plus pour motiver l'action en revendication que l'on accordait à la femme.

Cette explication de la seconde innovation de Justinien nous servira à en établir la portée. Si la propriété de la dot eût résidé aux mains de la femme, tous les objets dont cette dot se serait composée eussent, dans tous les cas, été soumis au droit de revendication que l'on accordait à la femme ; il fallait, au contraire, distinguer entre diverses hypothèses, si, comme nous le pensons, le mari était encore, sous cette législation, le *dominus dotis*. Ainsi les meubles dotaux étaient aliénables au gré du mari : cela résulte de la *L. unic.* § 15. C. *de rei uxoriæ act.* ; or on ne pouvait admettre que les tiers, ayant acquis d'une personne qui avait pouvoir de vendre, fussent cependant soumis à une revendication. Le tiers acquéreur était toutefois soumis à l'action hypothécaire de la femme qui, par cette action, pouvait l'obliger au paiement de la valeur de l'objet, mais non à la restitution de l'objet même. La femme avait au contraire le droit d'exiger la restitution en nature des meubles dotaux qui se trouvaient dans le patrimoine du mari lorsqu'elle exerçait son action.

Quant aux immeubles aliénés par le mari, si cette aliénation avait une cause nécessaire, ou si la femme y avait donné son consentement, la femme ne pouvait pas les revendiquer.

Telle était la règle lorsque les choses dotales avaient été apportées au mari sans estimation. Lorsque, au contraire, les choses dotales avaient reçu une estimation valant vente, la femme ne pouvait point les revendiquer, soit que ce fussent des meubles soit que ce fussent des immeubles : la *L. unic. C. de rei uxoriæ act.* ne laisse aucun doute, à cet égard, pour le cas où les immeubles dotaux estimés ont été aliénés. Nous pensons que l'action en revendication devait être également refusée à la femme dans le cas même où les objets, constitués en dot avec estimation valant vente, se retrouvaient en nature dans le patrimoine du mari. En effet le droit de la femme en vertu de la vente que celle-ci avait ainsi librement consentie au mari, n'avait plus pour objet qu'une somme d'argent. Il en résultait pour la femme l'avantage de n'avoir point à supporter les chances de perte ou de diminution de valeur auxquelles étaient exposés les objets dotaux, et on n'aurait su, sans injustice, lui laisser la faculté de revendiquer la chose estimée, lorsque le mari lui offrait le montant de l'estimation.

Justinien ne s'arrêta point à cette innovation de l'an 529. Une seconde constitution, non moins importante que la première, vint, l'année suivante, modifier encore les principes qui régissaient la dot. Cette constitution forma la L. *unic. C. de rei uxor. actione*, dont nous avons déjà tiré un argument en ce qui touchait les immeubles constitués en dot avec estimation. Dans cette nouvelle constitution, Justinien accorde à la femme une garantie nouvelle, que notre législation moderne devait recueillir et s'approprier sous le nom d'hypothèque légale de la femme mariée ; il frappa le fonds dotal d'une inaliénabilité absolue et organisa l'action que la femme devait exercer pour obtenir la restitution de sa dot.

La constitution de l'an 529 que nous venons d'étudier avait trait uniquement aux biens dotaux ; l'hypothèque privilégiée accordée à la femme par cette constitution ne grevait que les biens dotaux, et, par suite, la femme n'y trouvait qu'une protection incomplète dans le cas où ces biens avaient péri pendant le mariage, ou avaient été diminués par la mauvaise administration du mari ; grâce, il est vrai, au *privilegium inter personales actiones*, dont nous avons traité dans notre *Section IV*, la femme pouvait primer, sur les biens du mari, les créanciers chirographaires de celui-ci ; mais à sa créance étaient préférés les titres des créanciers hypothécaires. Dans la Constitution de l'an 530, Justinien greva les biens du mari d'une hypothèque tacite et générale. L'empereur ne fit, au reste, ainsi que suppléer à la stipulation d'hypothèque conventionnelle que toute femme prudente ne négligeait point, au moment du mariage, de se faire donner sur ces mêmes biens. Cette hypothèque tacite portait sur tous les biens de celui qui avait reçu la dot. « *Sive ipsæ principales personæ dotes dederint, vel* « *promiserint, vel susciperint, sive aliæ pro his.* » (*L. unic.* § 1. *C. de rei uxoriæ act.*) Ainsi, si le mari était fils de famille, et s'il avait touché la dot *jussu patris*, et, à plus forte raison, lorsque le père lui-même l'avait touchée, tous les biens de celui-ci étaient grevés de l'hypothèque tacite de la femme; car le père devenait comptable, à la dissolution du mariage, de la dot qu'il avait reçue pour son fils (*L.* 22. § 12. *D. solut. matrim*).

Observons en passant que si Justinien entourait d'une hypothèque légale l'action en restitution des biens dotaux, il accordait la même garantie au mari qui réclamait du constituant la prestation de la dot promise.

Telle n'était pas, avons-nous dit, la seule réforme introduite par la constitution de l'an 530. Nous savons que, à l'époque classique, la femme pouvait réclamer sa dot par l'action *ex stipulatu* si la restitution en avait été expressément stipulée, et, par l'action *rei uxoriæ*, à défaut de toute stipulation. Justinien, empruntant à l'une et à l'autre de ces deux actions leurs traits principaux, les fondit en une action unique à laquelle il donna le nom d'action *ex stipulatu* et, sous-entendant au profit de la femme la stipulation expresse de restitution de la dot, dont l'usage était devenu général, il décida que cette action appartiendrait à la femme et à l'ascendant survivant, alors même qu'aucune stipulation ne serait intervenue entre les parties [1].

Justinien, avons-nous dit, emprunta à l'une et à l'autre actions anciennes leurs traits principaux pour en former l'action nouvelle. C'est ainsi qu'à l'action *rei uxoriæ*, l'action nouvelle emprunta son caractère d'action de *bonne foi* : avec la stipulation fut sous-entendue la *cautio de dolo* qui accompagnait habituellement cette stipulation [2]. De même le mari put jouir du bénéfice de compétence pourvu qu'on n'eût pas de dol à lui reprocher (§ 7). Ajoutons que, selon Cujas, le fils commun, héritier du mari, devait jouir du même bénéfice, que l'on refusait au contraire à un héritier externe ; nous savons, au reste, que ce bénéfice, *debitum mariti reverentiæ,* ne libérait pas le mari du surplus de sa dette.

Enfin des délais étaient accordés au mari pour la restitution de la dot ; mais, suivant une distinction nouvelle faite entre les biens qui la composaient, Justinien, supprimant l'ancienne distinction que l'on faisait entre les *corps certains* et les *quantités*, ne s'attacha qu'à la qualité des biens à restituer, *meubles* ou *immeubles*. Pour les *meubles* il accorda au mari un délai d'un an ; quant aux *immeubles* le mari devait les restituer immédiatement : aussi, dans le cas où la femme ne possédait pas d'autres biens que les meubles qu'elle s'était constitués en dot, le mari ou ses héritiers de-

1. *L. unic. Pr. C. de rei uxor act.*

2. *L. unic.* § 2, *C. de rei uxoriæ actione.* (V. M. Demangeat, C. de Dr. Romain, t. 2, p. 584.)

vaient, selon Cujas et Accurse, pourvoir pendant l'année à sa subsistance. Cette distinction nouvelle avait le mérite d'être simple, mais elle nous paraît être tout à fait arbitraire et ne reposer sur aucun motif sérieux.

Sauf ces modifications, l'action *ex stipulatu* ancienne conservait ses principaux effets : ainsi la nouvelle action était transmissible aux héritiers de la femme, de quelque manière que le mariage se fût dissous, et alors même que la femme fût morte avant d'avoir mis en demeure le mari (§ 4)[1].

La nouvelle action ne comportait aucune rétention (§ 5). La *retentio ob liberos*, dont nous avons exposé déjà les conditions, disparut par ce double motif que ce n'était point sur la dot de la mère que l'on devait prendre la nourriture des enfants, et que la faute de la femme, qui rendait le divorce nécessaire, était punie par la perte totale de la dot, qu'il existât ou non des enfants. Quant aux autres rétentions, on les refusa au mari ; mais on lui permit du moins de se faire tenir compte, au moyen d'actions, des sommes auxquelles il avait droit. C'est ainsi que, pour recouvrer les *dépenses utiles*, le mari eut l'action *mandati* lorsque ces dépenses avaient été faites *consentiente muliere*, et l'action *negotiorum gestorum* dans l'hypothèse contraire, si la femme possédait d'autres biens pour les payer. Si le mari avait fait des *dépenses voluptuaires*, on lui accordait seulement le droit d'enlever les objets que l'on pouvait détacher du fonds

1. Le mari cependant gagnait la dot lorsque ce droit était né pour lui de la convention. (*L. unic.* § 6. *C. de rei uxoriæ act.*)

sans détérioration et dont il pouvait retirer quelque utilité. Quant aux dépenses *nécessaires*, elles diminuaient la dot de plein droit, « *dotis minuant quantitatem* »[1], de telle sorte que, comme le dit Cujas : « *non est ex dote retentio, sed quasi retentio* ».

D'autre part, la femme, en exerçant la nouvelle action, eut, contrairement aux dispositions de l'Edit *de alterutro*, le droit de cumuler le bénéfice de cette action avec le legs que le mari lui avait fait (§ 3). Justinien ayant posé ce principe « la dot est à la femme, c'est son bien et sa fortune », il était juste que si, pendant le mariage, le mari pouvait être considéré comme propriétaire de la dot, l'effet de cette fiction disparût avec la cause qui l'avait créé, et que, après la dissolution du mariage, la dot fît retour à la femme ou à ses héritiers : il n'y avait aucun motif de ne pas accorder à la femme le droit d'exiger en même temps et sa dot et les choses que lui avait léguées le mari.

Enfin, pour assurer plus complétement à la femme le recouvrement de sa dot, et faire disparaître le double danger qui résultait, pour la femme, de la faculté qui jusques alors lui avait été laissée de valider par son concours l'aliénation faite du fonds dotal par le mari, concours d'où on induisait une renonciation à l'hypothèque qui grevait à son profit le bien dotal, Justinien interdit l'aliénation du fonds dotal d'une façon aussi absolue qu'était interdite l'hypothèque[1].

Ce que nous avons dit de l'imprescriptibilité du fonds

1. *L. unic.* § 5 *C. de rei uxor.* — *Instit. de Justinien. L. IV, T. 6*, § 37.
2. *L. unic* § 15, *C. de rei uxor. act*

dotal en traitant de la période antérieure à Justinien, était vrai encore sous cet empereur, il semble toutefois résulter de la *L. 3. C. de jure dotium* que, dans le droit de Justinien, le fonds dotal redevenait susceptible d'usucapion lorsque le mariage était dissous, ou lorsque, le mauvais état des affaires du mari mettant la dot en péril, le droit s'ouvrait pour la femme d'exiger la restitution. Il est cependant plus logique de supposer que c'était de la prescription des actions accordées à la femme pour la répétition de sa dot, et non pas de la prescription du fonds dotal même, qu'il est question dans la *L. 3. C. de jure dotium.* La prescription de ces actions courait du jour où le droit de la femme était né : la prescription de l'action personnelle exigeait, pour être accomplie, un espace de trente année; il fallait quarante ans pour qu'on pût opposer à la femme la prescription de l'action hypothécaire. Quant au fonds même, il faut admettre que les tiers ne pouvaient prescrire avant que la restitution de la dot n'eût été faite à la femme par le mari[1]. Il serait étrange en effet que Justinien, qui se montra si soucieux d'assurer à la femme la conservation du fonds dotal, eût diminué une garantie que l'ancien droit avait créé, et cela alors qu'il laissait subsister l'inaliénabilité au profit de la femme jusques à ce que le fonds dotal eût été restitué par le mari.

Ajoutons encore que, dans la constitution de l'an 530,

1. C'est l'opinion exprimée par Cujas, sur la *L. 12 pr. de fundo dotali; in lib. 1. Papiniani de Adulteriis*, et dans son commentaire du tit. *de jure dotium.* (*Recit. solem. ad lib V. Cod.*)

Justinien, tranchant une ancienne controverse, décida que les fonds *provinciaux* seraient soumis, de même que les fonds *italiques*, aux dispositions législatives qui devaient régir les biens dotaux, et que, dans une constitution de la même année, qui est devenue la *L.* 11. *C. de pactis conventis*, l'empereur prit soin d'assurer à la femme la restitution de créances paraphernales qu'elle avait confiées à l'administration du mari.

Si les innovations de la législation Justinienne s'étaient bornées aux points que nous avons indiqués jusqu'ici, elles n'auraient ni présenté des résultats injustes ni lésé des droits légitimes : l'hypothèque privilégiée de la femme sur les biens dotaux se justifiait pleinement en effet, puisque cette hypothèque frappait les biens apportés par la femme dans le patrimoine du mari ; d'autre part, quant à l'hypothèque qui grevait, au profit de la femme, les biens propres du mari en garantie des créances dotales ou paraphernales, les tiers avaient pu se mettre en garde contre ce droit de préférence, puisque cette hypothèque ne produisait aucun effet rétroactif. Mais Justinien ne s'arrêta pas là, et, en l'année 531, une constitution nouvelle, célèbre sous le nom de Loi *Assiduis*[1], vint, pour ainsi dire, couronner l'œuvre en consacrant au profit de la femme une dernière faveur. Dans cette constitution, Justinien expose que, touché des plaintes des femmes mariées qui gémissent sur la perte de leur dot, il s'est convaincu que la loi ne les protégeait pas d'une façon

1. L. 12, C. *qui potiores in pignore.*

efficace. » Autrefois, dit-il, la femme n'avait qu'une action personnelle; mais le législateur donnait à cette action le pas sur toutes les autres actions personnelles; pourquoi aujourd'hui l'action hypothécaire que nous lui avons accordée ne jouirait-elle pas de la même faveur parmi les actions réelles? » Et c'est en se fondant sur cette argumentation singulière qu'il transforme en hypothèque privilégiée l'hypothèque simple qu'il avait d'abord accordée.

Il n'est pas besoin d'insister sur le caractère inique de cette réforme malheureuse qui a été unanimement réprouvée par les commentateurs du droit Romain et que notre législateur a rejetée d'une façon formelle, dans l'art. 1572 C. civ. Le respect des droits acquis et des conventions librement consenties, l'intérêt du crédit, tout y est méconnu. En vain les créanciers avaient-ils stipulé de leur débiteur les garanties les plus solides, leur gage s'évanouira au gré de ce dernier : il suffira qu'il se marie pour déjouer toutes leurs précautions et tromper leurs plus légitimes espérances. Aussi quelques commentateurs, frappés de l'iniquité de cette constitution, ont essayé d'en restreindre la portée, en soutenant que la femme ne primait, grâce à son hypothèque privilégiée, que les créanciers hypothécaires dont le titre était né de la loi, tandis qu'elle était primée par ceux qui avaient reçu du mari lui-même leur titre antérieurement au mariage [1]. Il n'est pas possible d'admettre cette inter-

1. Doneau, Code sur la *L.* 12, *qui potiores*, § 4. — Favre, Code *L.* 8, *T.* 8, *defin.* 16.

prétation, que le texte et l'esprit de la loi doivent absolument faire rejeter. Il est peu de phrases de ce texte dans lesquelles ne se trahisse bien la pensée prédominante de Justinien : ce sont les créanciers antérieurs au mariage qu'il prétend écarter, et entre ces créanciers il ne fait aucune distinction : « *Mulierem potiora jura contrà omnes habere mariti creditores* » (§ 1.)

La faveur excessive que Justinien accordait ainsi à la femme était limitée à la dot [1], et par conséquent ne s'étendait ni à la restitution des biens paraphernaux, ni à la garantie des donations, fût-ce même des donations *propter nuptias*. Mais, ainsi que nous l'avons dit, les créances paraphernales dont l'administration avait été confiée au mari par la femme étaient garanties par l'hypothèque légale simple dès que le mari les avait recouvrées [2].

Ajoutons que Justinien étendit à l'augment de dot la garantie des hypothèques privilégiées [3]. Toutefois, afin d'éviter que les créanciers ne fussent lésés par l'augment de dot survenant contre toute attente, Justinien décida que la garantie de l'hpothèque privilégiée ne s'étendait pas à l'augment mobilier, si, à l'époque où cet augment serait constitué, la femme était propriétaire d'immeubles, et que d'autre part, si à cette époque le mari avait des créanciers, l'hypothèque privilégiée ne leur serait point opposable en ce qui toucherait cet augment.

1. *L.* 12, § 2. *C. qui potiores in pign.*
2. *L.* 11, *C. de pactis.*
3. Nov. 97, ch. II. — V• Favre, Code. §. 8, t. 8, definit. 16.

L'hypothèque privilégiée de la femme primait toutes les hypothèques simples ; mais la femme ne jouissait pas du même avantage à l'égard de tous les créanciers qui, comme elle, pouvaient faire valoir une hypothèque privilégiée. Parmi ces derniers, les uns lui étaient préférés, tandis qu'elle primait les autres. Comment réglait-on le concours ? Les textes font défaut en cette matière, et on ne retrouve dans aucune constitution le classement général des priviléges. Nous devons nous borner à rapporter quelques décisions particulières empruntées, çà et là, à différents textes.

On peut conclure de la *L. 45. D. de religiosis* qu'à l'époque classique la créance des frais funéraires primait toutes les autres créances, et, par suite, la créance dotale même ; or on ne retrouve aucun texte qui soit venu de nouveau régler le conflit ; et il est permis de croire que, sous Justinien, la créance des frais funéraires primait l'hypothèque privilégiée.

D'autre part, d'après la *L. 12, § 1. C. qui potiores in pignore*, dans le cas où le mari laissait lors de son décès une veuve et des enfants d'un premier lit, créanciers encore de la dot de leur mère, l'hypothèque de la dot apportée par la première femme primait sur les biens du mari l'hypothèque destinée à assurer la conservation des biens apportés par la seconde femme. Cela résulte aussi de la Novelle 91. — « *Nam inter duas dotes servatur ratio temporis* », dit Cujas.

Dans la *Nov.* 97 *ch.* III *et* IV, Justinien prévit et trancha deux autres conflits : il décida, dans le *ch. IV*, que le créancier qui avait fourni au mari les deniers nécessaires pour l'achat d'une charge publique *(ad militiam emendam)* serait préféré à la femme ; mais dans le chap. III, il ordonna que la femme primerait le constructeur ou le réparateur d'une maison ou d'un navire appartenant au mari.

Nous savons que les priviléges concédés à la femme à l'époque classique avaient été attachés exclusivement à sa personne. Il en fut de même sous Justinien des priviléges hypothécaires créés par *L.* 30 *C. de jure dotium et* 12 *C. qui potiores in pignore*. Le caractère de ces garanties était d'être à ce point personnelles qu'il était interdit à la femme d'en céder à un tiers le bénéfice : elles émanaient de la toute-puissance du législateur, et la volonté des parties, impuissante à les créer, était impuissante à les transmettre. Aussi le *procurator in rem suam*, cessionnaire des créances dotales, ne jouissait pas du privilége qui, entre les mains de la femme, eût assuré le recouvrement de ses créances A quel titre y eût-il prétendu ? Il n'empruntait point la personnalité de la femme, et son caractère de spéculateur ne lui permettait d'invoquer ni l'un ni l'autre des motifs sur lesquels reposait la loi.

Ces priviléges n'étaient même pas transmissibles aux héritiers de la femme [1]. Cependant Justinien admit une exception à cette règle et considérant que la dot était destinée à subvenir, après le mariage, aux nécessités de l'existence non seulement de la femme, mais encore des enfants, il permit à ces derniers d'invoquer les priviléges dotaux. Quant au père et au constituant étranger, dans l'hypothèse d'une dot

1. Instit. L. IV, T. 6, § 29.

profectice ou de la stipulation d'un droit de retour, ils ne jouissaient que du droit de l'hypothèque légale établie en 530 sur tous les biens du mari [1].

Nous avons dit aussi que, avant l'époque de Justinien, on avait accordé à la femme, lorsque le désordre des biens du mari mettait la dot en péril, le droit de réclamer la restitution des biens dotaux : pour ne pas violer ouvertement le principe suivant lequel la propriété de la dot résidait aux mains du mari, on prenait, avons-nous dit, un de ces détours familiers au génie romain : on simulait un divorce, et grâce à cette fiction, la femme obtenait une *actio utilis quasi facto divortio,* au moyen de laquelle elle obtenait la restitution de sa dot. Justinien supprima cette ancienne fiction, et déclara que la femme aurait le droit de poursuivre la restitution de sa dot dès que le mari serait en déconfiture ; la femme toutefois n'acquérait pas le droit d'aliéner, pendant le mariage, les choses dont elle était mise ainsi en possession ; mais elle en percevait les revenus destinés à son entretien et à celui de sa famille : « *ita tamen ut eadem* « *mulier nullam habeat licentiam eas res alienandi, vi-* « *vente marito, et matrimonio inter eas constituto : sed* « *fructibus earum ad sustentationem tam sui quam mariti* « *filiorumque, si quos habet, abutatur* ».

A l'époque classique la femme n'avait pas le droit de renoncer au privilége personnel dont elle jouissait pour le recouvrement de sa dot; mais il lui était permis de renoncer

1. L. unic. § 13. C. *de rei uxor. act.*

à l'hypothèque née d'une stipulation. Il nous reste à examiner si les innovations de Justinien ne modifièrent pas ce droit de renonciation. Justinien permit-il à la femme de renoncer aux hypothèques tacites qui garantissaient la restitution de la dot ? La réponse à cette question est dans la *L. unique, § 15. C. de rei uxoriæ actione*. L'empereur décida que la femme ne pourrait renoncer à son hypothèque privilégiée, en tant que cette hypothèque porterait sur les immeubles dotaux. Mais cette prohibition n'entraîna pas l'abrogation absolue de la constitution d'Anastase [1], qui accordait à la femme la faculté de renoncer à l'hypothèque : la femme conserva en effet la faculté de renoncer à l'hypothèque simple qui grevait, à son profit, les biens propres du mari, et même à l'hypothèque privilégiée qui grevait les immeubles apportés en dot avec estimation. Justinien n'autorisa pas expressément la renonciation de la femme à l'hypothèque grevant les meubles dotaux, mais l'affirmative nous paraît résulter logiquement de la décision qu'il prit relativement à l'hypothèque grevant les immeubles estimés.

Outre le droit qui était accordé à la femme de renoncer à l'hypothèque simple grevant, à son profit, les biens du mari, et à l'hypothèque privilégiée grevant, d'une part, les immeubles dotaux estimés, et, d'autre part, les meubles, il semble résulter de la combinaison de deux textes, la *L. 22, C. ad Senat.-C. Velleianum, et la Nov. 61*, qu'elle pouvait aussi renoncer au droit qui lui appartenait

1. L. 21. C. ad Senat.— C. Velleianum.

de faire tomber l'aliénation du fonds dotal, ou l'hypothèque constituée sur ce fonds par le mari avec son concours même : deux conditions toutefois étaient exigées ; il fallait que la femme renouvelât son consentement après avoir laissé s'écouler deux années ; il fallait, en outre, que le mari fût assez riche pour l'indemniser (Nov. 61), ou qu'il fût prouvé que l'argent avait été employé à l'intérêt exclusif de la femme [1]. Tels furent, en ce qui concernait les biens dotaux, les progrès et les transformations successives de la législation romaine, et l'ensemble des garanties qui, dans le dernier état du droit, tendirent à assurer la conservation de la dot dans l'intérêt de la famille.

1. Authent. « *Si qua mulier* », Sub lege, 22, C. ad Senat. — C. Velleianum.

DROIT FRANÇAIS

DU DROIT DE POURSUITE DES CRÉANCIERS DE LA FEMME MARIÉE SOUS LE RÉGIME DOTAL.

CHAPITRE Ier.

GÉNÉRALITÉS. — QUELS BIENS SONT FRAPPÉS D'INALIÉNABILITÉ SOUS LE RÉGIME DOTAL. — CARACTÈRE DE CETTE INALIÉNABILITÉ.

Incapable de contracter, en règle générale et indépendamment du régime nuptial qu'elle a choisi, la femme mariée peut être relevée de cette incapacité par une autorisation émanant soit du mari, soit de la justice, et dès lors la disposition de l'article 2092 C. C., aux termes duquel « quiconque s'est obligé personnellement est tenu de remplir son engagement sur tous ses biens mobiliers ou immobiliers, présents et à venir », lui devient applicable, en principe. Telle apparaît la situation légale de la femme mariée à qui jette un regard d'ensemble sur les dispositions qui la régissent. Mais si, laissant de côté ces généralités, nous considérons la femme mariée sous le régime dotal, nous voyons que, munie de l'autorisation maritale ou judiciaire, elle est à peine sortie du domaine des exceptions que déjà le législateur la soustrait de nouveau à l'empire de la loi commune.

En effet, si, d'une part, les obligations qu'elle contracte ainsi sont valables en principe, d'autre part, les créanciers au profit desquels elle les aura consenties n'auront pas toujours acquis le droit de les faire valoir sur tous les biens de leur débitrice, soit que celle-ci n'ait recouvré qu'une demi-capacité, soit par l'effet de tout autre obstacle dont nous aurons à définir la nature. Il se pourra même que les droits qu'elle aura consentis avant son mariage, et par conséquent en état de pleine capacité, ne puissent pas être poursuivis sur la totalité des biens dont elle aura la propriété après avoir contracté mariage.

Ce sont ces restrictions apportées par la loi au principe de l'article 2092 en faveur de la femme mariée sous le régime dotal qui feront l'objet de cette étude.

Le patrimoine de la femme dotale peut se composer de deux éléments distincts : les biens *dotaux*, et les biens *paraphernaux*. Les effets des obligations contractées par la femme dotale sont tout différents suivant qu'on les envisage au regard de l'une ou de l'autre de ces deux catégories de biens. La cause de cette dissemblance réside dans l'*inaliénabilité* dont sont frappés les premiers, tandis que aucune règle particulière ne prohibe l'aliénation des seconds. De cette *inaliénabilité* dérive en effet l'impossibilité de contracter sur ces mêmes biens une obligation efficace, car l'obligation n'est qu'une aliénation indirecte et différée, et la loi ne peut permettre que l'on parvienne par une voie détournée au but qu'elle interdit de poursuivre directement. Ce n'est point ici le lieu de nous prononcer sur les questions que peut faire naître l'exercice du droit de poursuite des créanciers sur les biens *paraphernaux* ; nous renvoyons au chapitre V l'examen de ces difficultés dont le nombre est d'ailleurs fort restreint : nous devons nous préoccuper uniquement, quant à présent, de déterminer quelle sera l'étendue des droits des créanciers sur les *biens dotaux*. Ces biens, avons-nous dit, sont frappés d'inaliénabilité, et la conséquence de ce principe est que la femme ne peut, en règle générale, contracter une obligation dont l'effet serait de les soumettre au droit de poursuite d'un créancier.

Mais cette règle, très-simple en apparence, présente en réalité de nombreuses difficultés dans ses applications, et ces difficultés ne peuvent être résolues que si l'on a préalablement déterminé avec soin quels sont les biens que le législateur a frappés d'inaliénabilité, et quel est le caractère que l'on doit reconnaître à cette inaliénabilité même.

La dot peut comprendre soit des meubles, soit des immeubles, et l'expression « biens dotaux » est générique et s'applique à l'une comme à l'autre de ces deux classes de biens. Quant aux immeubles, aucun doute ne peut s'élever sur l'inaliénabilité de ces biens [1]; mais il n'en est point ainsi des meubles, et c'est une question fort discutée que celle de savoir si, dans notre législation actuelle, la dot mobilière est inaliénable. Quatre systèmes ont été émis sur ce point de droit. Le premier prohibe d'une façon absolue l'aliénation de la dot mobilière, tant de la part de la femme que de celle du mari; le second la permet à la femme autorisée du mari, et en tant que les droits du mari n'en seront pas contrariés; le troisième interdit à la femme d'aliéner la dot mobilière, soit avant soit après la séparation de biens, mais permet au mari d'en disposer avant la séparation de biens (c'est le système consacré par la Cour de cassation). Enfin le quatrième, reprenant le point de départ du système précédent, mais en déduisant peut-être avec plus de logique les conséquences, interdit à la femme d'aliéner la dot mobilière avant la séparation de biens, en même temps qu'il permet au mari d'en disposer pendant la période antérieure à cette séparation, puis rend à la femme, après la séparation de biens, le droit de disposition qu'il retire alors au mari. Quant à nous, nous n'avons point à examiner la question de l'inaliénabilité de la dot mobilière à l'égard du mari, mais seulement à l'égard de la femme; peu nous importe le plus ou le moins d'étendue que les divers systèmes accordent au pouvoir du mari sur la dot mobilière, c'est la situation de la femme qui seule doit fixer notre attention. Peut-être cependant serons-nous amenés dans la discussion à effleurer ce second point de la question.

1. Art. 1554, C. C.

C'est en faveur de l'inaliénabilité de la dot mobilière et de son assimilation complète à la dot immobilière en ce qui concerne la femme, que nous nous sommes décidé. Cette théorie, consacrée par la jurisprudence de la majorité des cours d'appel et par celle de la cour de cassation, a rencontré dans la doctrine, tout au moins de la part de quelques commentateurs, une résistance des plus vives ; et comme on a invoqué contre elle l'autorité du droit romain, celle de la jurisprudence des parlements des pays de droit écrit, et la lettre du code civil, il nous faut examiner s'il ne nous est pas permis de puiser, à plus de titres que nos adversaires, aux sources qui leur ont fourni leurs meilleurs arguments.

L'opinion à laquelle nous nous sommes rangé, est, il faut le reconnaître, assez difficile à soutenir en théorie pure, en face des termes de quelques articles du Code civil ; mais nous pensons que c'est le lieu de se souvenir de cette recommandation d'un commentateur de notre ancien droit : « *Si* « *materia dictat unum expressum et verba contrarium,* « *non credito simplice verbo, quod materia plus inspicitur* « *quam verbum* [1] ». Oui, les termes des articles 1554 et 1558 paraissent se prêter difficilement à l'interprétation que nous voulons donner à la loi dotale; mais c'est l'esprit de la loi que nous prétendons invoquer, et l'esprit vaut bien la lettre.

Qu'est-ce donc que le régime dotal et quel est son but? Sous tous les régimes nuptiaux il peut y avoir une dot ; et

1. Dumoulin, Tit. I, des fiefs, Glose 4.

sous tous les régimes, la dot (l'article 1540 le dit) est l'apport fait au mari pour l'aider à supporter les charges du ménage. Qu'est-ce donc qui distingue la dot sous le régime dotal ? Ce qui la distingue, ce sont les règles de protection qui la régissent, et ces règles se résument en un mot « *inaliénabilité* ». La dotalité, c'est l'*inaliénabilité*. Quel but poursuivait en effet le législateur en instituant le régime dotal ? Ce but était uniquement la conservation forcée de la dot ; et lorsqu'une femme s'est soumise à ce régime, quels motifs ont dicté son choix, si ce n'est qu'elle a voulu se lier les mains, afin de ne pouvoir pas dissiper sa dot ?

Sans l'inaliénabilité, plus de régime dotal, mais un régime sous lequel la femme, en même temps qu'elle serait absolument désintéressée de la prospérité du ménage, ne trouverait plus aucune garantie.

Et maintenant nous demanderons quels motifs on peut donner pour appuyer la distinction que l'on propose d'établir entre la dot immobilière et la dot mobilière ? Est-ce que l'une ne mérite pas autant de faveur que l'autre, surtout à notre époque où bien souvent la dot tout entière de la femme consiste soit en valeurs mobilières, soit en créances ; et la conservation à la femme et aux enfants d'une fortune mobilière considérable ne leur importe-t-elle pas autant que celle de quelques hectares de terre en quoi consisterait la dot ? Interrogez les travaux préparatoires et recherchez si le législateur, dans la discussion du régime dotal, n'a pas toujours employé le mot « *dot* » ou « *biens dotaux* », expressions génériques qui comprennent les meubles comme les immeubles : c'est qu'en effet il serait illogique de distinguer entre les meubles et les immeubles. A toutes les époques de notre droit l'esprit des règles protectrices de la dot s'est étendu à la dot mobilière, et les pays du droit écrit auquel les législateurs de 1804 ont emprunté le régime dotal n'admettaient pas plus l'aliénation de l'une que celle de l'autre.

Cette proposition a cependant été contestée. On a soutenu que la jurisprudence des Parlements des pays de droit écrit rejetait l'inaliénabilité de la dot mobilière : c'est là une grave erreur ; il est bien vrai que plusieurs de ces Parlements permettaient au mari de disposer de la dot mobilière, mais ce ne sont point les droits du mari que nous devons considérer ici, mais bien la situation seule de la femme : or tous ces parlements, sauf peut-être une exception relative à deux provinces, annulaient l'aliénation de la dot mobilière consentie par la femme, de même que les obligations que celles-ci avait contractées sur ces mêmes biens. Ainsi donc, quoi qu'on en ait dit, les pays de Droit écrit n'avaient point accepté, en cette matière, le système pur du Droit Romain dans lequel les immeubles seuls étaient *inaliénables*, système où perçait cependant l'esprit de protection même relativement à la dot mobilière, car si la femme pouvait renoncer à l'hypothèque qui garantissait la restitution de sa dot, cette renonciation du moins n'était valable que si elle ne le préjudiciait pas.

1. V. Boucheuil : Coutume du Poitou, art. 230, n. 52, t. 1, p. 774. Et Henrys, Liv. 141, t. 2, p. 778 et suiv.

Or, ainsi que nous l'avons déjà dit, c'est le Régime dotal, *tel qu'il était pratiqué dans les pays de droit écrit*, que les législateurs de 1804 ont voulu introduire dans le corps nouveau de législation ; nous en trouvons la preuve dans les travaux préparatoires. En effet lorsque quelques membres du conseil d'Etat proposèrent de déclarer que sous le régime dotal « la *dot* » fût toujours aliénable, imaginant ainsi un régime dotal qui n'en était plus un, le consul Cambacérès s'opposa à cette singulière innovation, et dit « qu'il « ne voyait même pas l'utilité des articles destinés à fixer « le *système du Droit écrit* ; qu'il n'était pas besoin d'in- « sérer les dispositions du Droit Ecrit dans le Code; que « le régime dotal serait tel qu'il avait été pratiqué jusqu'à « lors ». Et il est si vrai que les rédacteurs du Code, les adversaires comme les partisans du régime dotal, entendaient que l'on devait appliquer la règle de l'inaliénabilité aux meubles et aux immeubles indistinctement, que M. Treilhard, combattant le principe de l'inaliénabilité, s'écriait : « Pourquoi *de tous les biens qui existent* les *biens « dotaux* sont-ils les seuls qui soient soustraits à la circu- « lation ? L'inaliénabilité en assurera le retour à la famille, « mais cet intérêt devrait être faible aux yeux de la loi ». Les *biens dotaux*, disait M. Treilhard, c'est-à-dire les meubles comme les immeubles. Et le procès-verbal de la séance porte que, sans plus ample discussion, le Conseil adopta la règle de l'*inaliénabilité de la dot* [1].

1. Locré, Législ. Civ. t. 13, p. 206-209.

Il est vrai que les adversaires de l'inaliénabilité de la dot mobilière prétendent que, quels que soient d'ailleurs les éléments de preuve que puissent fournir aux partisans du système que nous avons accepté, la jurisprudence des Parlements et les Travaux préparatoires du Code, la lettre de la loi doit suffire à faire triompher leur doctrine. Ils argumentent tant des termes de la rubrique de la Section II, qui porte « De l'Inaliénabilité du *fonds dotal* », que de ceux de l'article 1554 dans lequel est déposée la règle de l'inaliénabilité, et qui ne vise que les immeubles, et de ceux des articles 1557 et 1558 qui, traitant des exceptions admises au principe de l'inaliénabilité, et se liant à l'article 1554, ne visent encore, comme ce dernier article, que les immeubles. Donc, disent nos adversaires, c'est à la dot immobilière seule que la loi a voulu attacher l'inaliénabilité.

Mais si nos adversaires étaient moins ennemis, en principe, du régime dotal, ils s'attacheraient moins à la lettre de la loi et plus à son esprit : ils nous paraissent commettre la faute que dévoile la loi romaine lorsqu'elle dit : « *non est* « *dubium in legem committere eum qui, verba legis am-* « *plexus, contra legis voluntatem nititur* ». Attachés à la lettre, ils s'en font une arme contre l'esprit de la loi, parce qu'ils sont les adversaires systématiques de cet esprit : il nous paraît au contraire que, dans une discussion de cette nature, il faut seulement, sans prendre parti pour ou contre le régime dotal, déterminer les conséquences du principe de ce régime, et les admettre lorsqu'elles sont logiques.

Mais examinons donc si, nous aussi, nous ne pouvons arguer de quelque texte de loi. Et d'abord, que le législateur ait donné pour titre à la Section II « De l'Inaliénabilité du « fonds dotal », en quoi cela tranche-t-il contre nous la question ? Ne peut-on pas prétendre au contraire que l'expression « fonds dotal » revêt un sens général et comprend les meubles et les immeubles ? Ne dit-on pas un fonds de succession, un fonds de commerce ? D'un autre côté, en ce qui touche l'article 1554, ne peut-on pas dire que le législateur a pu perdre un instant de vue dans cet article les *meubles*, alors qu'il statuait sur une double hypothèse d'aliénation et d'hypothèque, dont la seconde face était inapplicable au mobilier ?

Mais, quoi qu'il en soit quant à l'article 1554, les articles 1555 et 1556 nous fournissent un argument qui a bien sa valeur. Ces articles permettent en effet à la femme d'aliéner les *biens dotaux* par donation pour l'établissement des enfants communs ou de ceux qu'elle aurait eus d'une précédente union : or toute permission suppose une prohibition préexistante ; si la femme peut, dans ces deux cas, aliéner ses *biens dotaux* (expression qui comprend les meubles et les immeubles) par exception, c'est donc bien qu'en principe elle ne peut aliéner ni ses meubles ni ses immeubles. D'un autre côté, le législateur qui a pris soin de dire, dans l'article 1576, que la femme pourrait aliéner ses biens paraphernaux avec l'autorisation maritale ou judiciaire, n'a rien dit de semblable pour les biens dotaux mobiliers : or le législateur, s'il eût voulu que les meubles dotaux fussent aliénables, eût pris soin d'imposer à la femme l'obligation d'obtenir, avant de procéder à l'aliénation de ces meubles, l'autorisation maritale ou judiciaire.

C'est en vain que l'on objecte que le Code n'a point tracé de règles pour les cas où il y aurait nécessité de vendre le mobilier : ces cas sont si rares et l'intérêt en jeu est alors si minime, que la loi a bien pu laisser aux tribunaux le soin d'y pourvoir. Ne voit-on pas au reste, chaque jour, les tribunaux statuer sur des questions relatives au régime dotal, et sur lesquelles le Code est demeuré muet? Et, par exemple, dans le cas où, à la suite d'un échange du bien dotal, la femme ayant un besoin pressant et justifié de la soulte dont la loi lui ordonne le remploi, veut se faire dispenser de ce remploi, n'a-t-elle pas recours aux tribunaux, et ceux-ci ne lui accordent-ils pas l'autorisation qu'elle sollicite, bien que la loi ne leur en ait point, par une disposition expresse, conféré le pouvoir ?

En résumé, les textes peuvent fournir des arguments à chacun des systèmes qui se disputent la solution de la difficulté qui nous occupe ; mais si la lettre de la loi laisse subsister un doute, son esprit n'en permet aucun. Faisons observer, en terminant, que nos adversaires eux-mêmes ont pris soin de nous fournir un dernier argument. En effet les partisans les plus prononcés de l'aliénabilité de la dot mobilière, et parmi eux M. Troplong, auquel on peut, croyons-nous, donner à bon droit le titre de chef de parti, n'admettent pas que la femme puisse renoncer à l'hypothèque légale qui, grevant les biens du mari, assure à la femme la restitution de sa dot. Mais quoi ! si la dot mobilière est aliénable de la part de la femme, quelle conséquence plus logique peut-on tirer de ce principe que la faculté pour celle-ci de renoncer à cette hypothèque légale ? Et sur quoi donc peut-on fonder la prohibition d'y renoncer, si l'on déclare aliénable la dot mobilière ?

Il est vrai que M. Troplong donne de la concession qu'il fait ainsi cette explication que l'hypothèque est un droit immobilier, un *jus in re*, un démembrement du droit de propriété, et que, par suite, la femme ne peut y renoncer, puisqu'elle ne peut aliéner ses immeubles. Mais (M. Troplong lui-même nous l'a fait connaître dans son traité des hypothèques), en laissant de côté la question très-discutable et très-discutée de savoir si l'hypothèque est ou n'est pas un démembrement du droit de propriété, chacun ne reconnaît-il pas que l'hypothèque attachée à une créance n'en change pas le caractère mobilier, et que tout créancier qui possède la faculté d'aliéner sa créance, a par cela même le pouvoir de renoncer à l'hypothèque qui n'en est que l'accessoire ?

C'est ainsi que M. Troplong enseigne, sous l'art. 1449 C. civ., que la femme mariée sous le régime de la communauté peut, sans le consentement du mari, donner mainlevée d'une hypothèque, bien que ce consentement lui soit nécessaire pour aliéner ses propres immobiliers D'autre part, le même auteur enseigne que la femme dotale pourra renoncer à son hypothèque légale toutes les fois que cette renonciation ne pourra pas lui préjudicier en compromettant le recouvrement de sa dot ! Qu'est-ce dire sinon que la femme ne peut pas perdre sa créance dotale, et cela n'implique-t-il pas l'inaliénabilité de la dot mobilère ? Ainsi donc, jusque chez les partisans de l'inaliénabilité, perce, à leur insu, cette pensée secrète qu'il ne faut pas que la femme puisse perdre sa dot : tant il est vrai que cette considération, de même qu'elle a inspiré le législateur, s'impose à ceux-là même qui prétendent s'en affranchir.

L'inaliénabilité frappe donc sur l'ensemble de la dot, et nous en avons fait connaître la conséquence immédiate qui est pour la femme l'impossibilité de contracter des obligations exécutoires sur les biens dotaux, car il est vrai de dire que « qui s'oblige aliène ». — Ce principe étant admis, il nous faut rechercher maintenant quel en est le caractère. Est-ce une règle qui laisse intacte la capacité de la femme, et dont le résultat unique soit de rendre les biens indisponibles en les mettant en quelque sorte hors du commerce ? Ou bien au contraire est-ce une règle de capacité ? En d'autres termes, l'inaliénabilité des biens dotaux est-elle la *conséquence d'une certaine incapacité de la femme, ou bien est-elle seulement la source et la cause d'une inaction forcée des créanciers?* Suivant que l'on adoptera l'une ou l'autre de ces deux théories, les conséquences seront bien différentes : nous croyons, après mûr examen, devoir accepter la théorie de l'incapacité contractuelle de la femme, comme plus conforme à la tradition, au véritable esprit du régime dotal, et aux dispositions de nos lois civiles.

Mais quoi ? dira-t-on peut-être : pensez-vous donc que ce

soient les dispositions du sénatus-consulte Velléien qui doivent régir aujourd'hui les biens de la femme mariée sous le régime dotal ?

Non pas ; mais que l'on y prenne garde : nous ne prétendons pas que la femme mariée sous le régime dotal soit frappée de l'incapacité que le S.-C. Velléien avait introduite dans le droit romain. Cette théorie, il est vrai, a été soutenue par quelques commentateurs du code civil ; mais nous la rejetons ; voici quelle est la nôtre. La femme était, dans le droit romain, soumise au régime dotal d'après lequel sa dot était inaliénable ; mais les règles de ce régime ne suffisant pas seules à rendre sans effets indistinctement toutes les obligations que la femme contractait et ne soustrayant à l'action des créanciers que les biens dotaux, on voulut étendre sur la femme une protection plus complète, plus générale : là fut l'origine du S.-C. Velléien. En vertu de ce sénatus-consulte, toute obligation contractée par la femme, soit pour son mari, soit en son propre nom, mais conjointement avec celui-ci, était nulle et les créanciers de la femme ne pouvaient poursuivre celle-ci même sur ses biens paraphernaux : la femme fut ainsi frappée d'une incapacité générale. Tout autre est la nature de l'incapacité qui dans notre droit actuel atteint (nous pourrions dire protége) la femme mariée sous le régime dotal.

Aujourd'hui en effet le régime dotal n'est plus, comme dans le droit romain, l'unique régime nuptial qui puisse régir la fortune des époux : en règle générale, la femme mariée est capable de contracter : l'article 1124 le fait implicitement connaître ; mais, dans certains cas, elle est frappée d'incapacité : l'article 1124 le dit expressément. Eh bien ! d'après nous, l'un de ces cas d'*incapacité* est celui où la femme est mariée sous le régime dotal. Mais quelle est l'étendue de l'incapacité dont elle est alors frappée ? Ce n'est point une incapacité générale, c'est une semi-incapacité ; et pour en connaître les limites il suffit de reconnaître quel est le but du régime dotal. Or le but du régime dotal c'est, nous l'avons déjà dit, la conservation forcée de la dot, mais de la dot seule. Donc la femme mariée sous le régime dotal sera incapable de contracter toute obligation dont l'exécution nuirait à la dot soit directement soit indirectement ; mais là s'arrêtera son incapacité : nous sommes bien loin du S.-C. Velléien. L'impossibilité pour la femme de vendre ses biens dotaux n'est pas autre chose que la conséquence de cette incapacité. Tel est notre système.

Quant à ceux qui soutiennent que la femme dotale n'est point incapable, que sa dot est seulement l'objet d'une sorte de mise hors du commerce *ad tempus*, et que si les obligations qu'elle consent pendant le mariage ne peuvent pas être poursuivies sur les biens dotaux, cela tient seulement à cette mise hors du commerce toute temporaire ; ils confondent tout simplement l'effet avec la cause, et prennent l'un pour l'autre. Si, en effet, c'est l'indisponibilité qui est la cause, quelle sera donc la cause de cette indisponibilité même ? Sera-ce la faveur de la dot ? Mais il peut y avoir une dot sous tous les régimes ! D'autre part, le bien dotal n'étant pas en soi-même inaliénable, il n'est pas hors du commerce, pas plus que celui du mineur ou de l'interdit, et dans certains cas, la loi même en autorise la vente ! L'indisponibilité de la chose engendrant l'incapacité de la personne serait une règle sans motif, sans raison et sans cause que le législateur n'a pu créer.

Où donc est la cause de l'inaliénabilité dotale ?

Elle est dans l'incapacité de la femme ; et pour se convaincre de l'exactitude de cette théorie, il suffit, connaissant le but du régime dotal, de rechercher les causes qui l'ont créé.

Ces causes nous les trouvons dans la loi romaine : « *ne* « *uxor fragilitate naturæ suæ in repentinam deducatur* « *inopiam*[1] » ; et ailleurs : « *Muliere quippe mariti* « *seductionibus facilè decepta, et propria negligente* « *jura*[2] ». Le régime dotal est donc une protection accordée par la loi à la femme contre son inexpérience, la faiblesse de son sexe, et les dangers de sa dépendance de l'autorité maritale. C'est ainsi qu'un de nos anciens auteurs des pays de droit écrit apprécie la faiblesse de la femme, « à laquelle, dit-il, il importe, par une heureuse impuis- « sance, d'être empêchée de disposer de sa *constitution* « *dotale*, et qu'elle soit mise en un état dans lequel la fra- « gilité de son sexe se trouve à couvert des séductions qu'on « pourrait exercer sur son esprit pour la porter à se « dépouiller de sa dot[3] ».

1. L. unica. C. de rei uxoriæ actione.
2. Nov. 61, cap. I, § 2.
3. D'Olive, lib. III, c. 29.

Le législateur, en se décidant à admettre la règle de l'inaliénabilité de la dot, en a nécessairement conservé le caractère et les motifs ; nous en trouvons au reste la preuve dans les travaux préparatoires. « L'inaliénabilité de la dot », disait M. Siméon dans son rapport au Corps législatif, « modifiée « par les causes qui la rendent juste et nécessaire, et que « la loi exprime, a l'avantage d'empêcher qu'un mari « dissipateur ne consume le patrimoine maternel de ses « enfants, et qu'une femme faible ne donne à des emprunts « et à des ventes un consentement que l'autorité maritale « obtient presque toujours, même des femmes qui ont un « caractère et un courage au-dessus du commun ». Si ce sont des considérations de cette nature sur la faiblesse de la femme et sa dépendance, qui ont inspiré le législateur, n'est-il pas vrai de dire que le régime qui en découle est un régime d'incapacité personnelle ? Où gît en effet le vice de l'obligation contractée par la femme dotale ? Dans « *l'imbécillité* » de celle-ci, suivant le mot de nos anciens auteurs. C'est, au reste, de la bouche du législateur que nous pouvons recueillir l'affirmation de notre théorie. En effet M. Berlier, combattant le principe de l'inaliénabilité de la dot, s'exprimait ainsi : « Nous pensons que cette *incapacité* « *civile* nuirait à la société entière » [1]. Donc, dans la pensée du législateur, l'inaliénabilité de la dot reposait sur le principe d'une incapacité, et il ne saurait en être autrement puisque, si le bien dotal est inaliénable, ce n'est pas par

1. Fenet, XIII, p. 573.

un motif tiré de sa situation, de son utilité ou de sa nature, mais par un motif tiré de la situation de la femme, de sa faiblesse, et du peu de fermeté de sa volonté.

La loi du 10 juillet 1850 sur la publicité des contrats de mariage nous offre un nouvel argument : on peut, si l'on examine les termes de cette loi, se convaincre de l'énergie avec laquelle l'idée d'incapacité s'impose dès qu'il s'agit du régime dotal. Voici quelle est en effet la disposition additionnelle de l'article 1391 C. Civ. : « Si l'acte de célé- « bration du mariage porte que les époux se sont mariés « sans contrat, la femme *sera réputée à l'égard des tiers* « *capable de contracter dans les termes du Droit commun*, « à moins que, dans l'acte qui contiendra son engagement, « elle n'ait déclaré avoir fait un contrat de mariage ». L'économie de cette disposition est simple : le législateur a eu pour but de prévenir la fraude commise fréquemment par la femme dotale qui ne faisait point connaître aux tiers avec lesquels elle contractait qu'elle était mariée sous le régime dotal, mais leur affirmait qu'elle s'était mariée sans contrat : « de telle sorte que (disait M. Valette rapporteur « et l'un des auteurs du projet) les personnes de bonne foi « se trouvaient dépouillées de valeurs fournies à titre de « prêt ou d'achat, absolument comme si elles les avaient « fournies à des *mineurs ou à des interdits*, car la femme « mariée sous le régime dotal se trouve placée, pendant son « mariage, dans une *incapacité exceptionnelle*. »

Les mots « *incapacité, incapable de contracter* » se retrouvent à chaque ligne dans le rapport ; « on sait, disait

« le rapporteur, que, de droit commun, l'incapacité des « personnes, par exemple celle des mineurs, des interdits, « des condamnés, se révèle par des faits dont chacun peut « facilement s'instruire, et qui parfois même reçoivent une « véritable publicité. Mais, par une exception peut-être « unique, l'*incapacité qui résulte pour la femme de l'a-* « *doption du régime dotal* est dérobée à la connaissance « du public, et cependant elle a des effets très-notables, « car, d'après les textes les plus formels du Code civil, le « régime dotal emporte l'inaliénabilité de l'immeuble cons- « titué en dot, ce que la jurisprudence a étendu à la dot « mobilière. La femme dotale ne peut donc, sauf dans des « cas exceptionnels, aliéner directement ou indirectement « aucune partie de sa dot, en sorte que si elle s'est constituée « en dot tous ses biens indistinctement, elle se trouve pla- « cée durant le mariage dans une sorte d'*incapacité excep-* « *tionnelle*, ne pouvant plus, comme sous les autres régimes, « s'engager valablement avec l'autorisation ou le concours « de son mari [1] ». A moins d'admettre que le législateur n'ait exprimé, dans le rapport et le texte de la loi, le contraire de ce qu'il voulait dire, il faut bien reconnaître qu'il s'agit là d'une véritable incapacité. L'innovation introduite par la loi de 1850 est bonne : les tiers peuvent s'éclairer par l'énonciation contenue dans l'acte de mariage ; si cette énonciation est mensongère, la fraude ne nuira qu'à la femme, et les tiers contractants pourront poursuivre celle-

1. Rapport de M. Valette à l'Assemblée nationale, séance du 11 juin 1850.

ci comme parfaitement capable ; c'est ce que dit la loi. N'est-ce donc pas dire que la femme est *incapable* lorsque, par suite de ses conventions matrimoniales, elle s'est soumise au régime dotal, puisque l'effet de la loi nouvelle est de la faire considérer comme si elle n'était pas femme dotale.

C'est donc toujours et partout le même principe, la même idée d'incapacité, qui se fait jour ; et nous verrons que les partisans de la simple indisponibilité de la dot n'ont pas pris garde que leur théorie est absolument démentie par les dispositions mêmes du code civil où nous pourrons puiser nos derniers arguments. Si en effet le principe de l'incapacité de la femme dotale avait été écarté par le législateur qui n'eût alors décrété qu'une mise hors du commerce *ad tempus* du Bien dotal, étant donné, d'autre part, ce principe indiscutable à savoir qu'en matière de biens mis hors du commerce on doit, pour apprécier le droit de poursuite appartenant à un créancier, considérer uniquement l'insaisissabilité du bien au moment de la poursuite, il en serait résulté que la loi aurait soustrait absolument la dot, à l'action des créanciers dont le titre serait antérieur au mariage. Or de l'article 1558, § 3, il résulte clairement, et personne ne peut le nier, que les créanciers antérieurs au mariage, ou quelques-uns d'entre eux au moins, peuvent saisir les biens dotaux. Et quel en est le motif ? C'est qu'à l'époque où l'obligation a été contractée, la volonté de la femme était libre, et sa capacité sans restriction. D'un autre côté, s'il y a seulement indisponibilité de la *chose*, et non pas incapacité du propriétaire, comment se peut-il que la loi, dans l'article 1560, permette à la femme de ratifier et de rendre ainsi valable l'aliénation du bien dotal, après la dissolution du mariage ? Si en effet le vice n'était pas dans la volonté de la femme, ce n'est pas non plus dans sa volonté que pourrait être le remède. Qui ne comprend que la nullité ainsi organisée par les articles 1554 et 1560 ne peut dériver que d'une disposition fondée uniquement sur ce point à savoir que la femme n'était pas capable, à l'époque de la vente, de donner un consentement parfait ? S'il en est ainsi de l'aliénation directe, il doit en être de même de l'obligation qui est une aliénation indirecte, et nous pouvons dire que les dispositions protectrices du régime dotal se résument en cette règle : « La femme dotale est « incapable d'aliéner soit directement soit indirectement « sa dot. »

Enfin nous ajouterons que, si on admet le principe de l'*indisponibilité pure des biens dotaux*, on doit, pour être logique, admettre que, après la dissolution du mariage, les biens étant affranchis de la dotalité par cette dissolution, échapperont dès lors à tout privilége et pourront être poursuivis par les créanciers antérieurs : ce qui ne conduit à rien de moins qu'à rendre absolument vaines toutes les garanties prises pour la conservation de la dot. Aussi la plupart des auteurs qui rattachent leur théorie du régime dotal à l'indisponibilité des biens ont-ils repoussé cette conséquence qui cependant, étant donné le point de départ de leur théorie, serait seule logique : car si les biens sont *indis-*

nibles pendant le mariage, dès qu'ils deviennent disponibles, ils doivent être soumis au droit d'exécution des créanciers. Il y a donc contradiction dans le raisonnement des auteurs qui, après avoir rejeté la doctrine de l'incapacité de la femme, n'admettent pas, après la dissolution du mariage, l'action des créanciers sur les biens devenus disponibles ; la même contradiction se retrouve dans un grand nombre d'arrêts ; la solution que les uns et les autres donnent est, suivant nous, exacte ; mais pour qu'elle soit juridiquement justifiée, elle doit être rattachée au principe suivant lequel la femme est incapable d'aliéner et d'obliger ses biens dotaux pendant le mariage.

En résumé, au nombre des régimes nuptiaux que le législateur a permis à la femme d'adopter, il en est un, le régime dotal, qui est tout de protection ; ce régime a son origine dans la faiblesse de la femme et l'impuissance de sa volonté à résister aux sollicitations du mari ; mais de même que le législateur a considéré que toute femme mariée n'a pas besoin de cette protection, sans quoi il aurait, comme le législateur romain, imposé comme unique régime le régime dotal, de même il a considéré qu'à toutes les femmes mariées ayant besoin d'être protégées la même protection n'est pas nécessaire, et, condescendant aux inquiétudes des familles, il a permis à la femme, qu'inspirent le plus souvent ses parents, de mesurer le *quantum* d'incapacité dont il convient de la frapper à la défiance qu'elle ressent des forces de sa propre volonté ou de la sagesse de son futur époux. La femme peut ainsi, pour ainsi dire, se déclarer incapable relativement à une partie de sa fortune qui reçoit le nom de dot, tandis qu'elle demeure capable quant à ses autres biens que l'on appelle paraphernaux.

Telle est la théorie, que nous croyons être celle de la loi, et nous pouvons en indiquer dès à présent une double conséquence : pour apprécier la validité de l'obligation de la femme, il faut se placer au moment où cette obligation a pris naissance, et non pas au moment où on en poursuit l'exécution. En second lieu, l'incapacité de la femme n'affecte que sa volonté, en l'empêchant de consentir une aliénation; donc l'incapacité ne fera pas obstacle au droit de poursuite des créanciers lorsqu'il s'agira d'obligations nées indépendamment de la volonté de la femme. De ces deux conséquences découle une double distinction que nous développerons dans les chapitres suivants, et qui se rattache soit à la date soit à la cause efficiente de l'obligation.

CHAPITRE II.

DES DETTES ANTÉRIEURES AU MARIAGE.

La femme dotale jouissait, avant le mariage, de la plénitude de sa capacité : il en résulte que les obligations qu'elle a contractées à cette époque ont dû produire les effets du droit commun et conférer à ses créanciers un droit de gage général sur tous ses biens présents et à venir (art. 2092 C. civ.). Si, après avoir contracté mariage, la femme, désirant payer ses créanciers, veut convertir en argent ses biens dotaux, la loi, dans l'article 1558 § 3, permet aux tribunaux de lui en accorder l'autorisation ; mais si elle ne veut pas remplir ses obligations, les créanciers pourront-ils en poursuivre l'exécution sur le bien dotal ? Oui, en *principe*, car, à l'époque où elle a contracté, elle était capable, et il ne peut dépendre d'elle de dépouiller ses créanciers de leur gage en se soumettant au régime dotal. La loi le reconnaît implicitement dans l'article 1558 § 3, car si le législateur, dans cet article, a donné aux tribunaux le pouvoir d'autoriser l'aliénation des biens dotaux pour payer les dettes antérieures au mariage, c'est qu'il a considéré que ces obligations pourraient être poursuivies par voie d'exécution forcée sur les biens dotaux, et qu'il a voulu permettre aux époux d'éviter les frais d'une saisie et la perte d'argent qui est toujours la conséquence d'une expropriation forcée. Tel est le principe ; mais quelques divergences se sont produites dans l'application, et, pour résoudre les difficultés auxquelles cette application a donné lieu, plusieurs distinctions sont nécessaires.

La constitution de dot peut émaner soit de la femme soit d'un tiers. Supposons d'abord qu'elle émane de la femme. La femme peut s'être constitué en dot soit toute sa fortune ou une quote-part de sa fortune, soit des objets déterminés : dans le premier cas, c'est-à-dire si la constitution de dot est universelle ou à titre universel, il n'est personne qui n'admette que tous les créanciers, qu'ils soient chirographaires ou hypothécaires, aient le droit de saisir la pleine propriété des biens dotaux.

C'est en effet un principe certain que l'ensemble d'un patrimoine ne peut être compris que déduction faite des dettes, et il ne peut être question pour le mari de conserver la jouissance de ces biens. Ainsi que le disait la loi romaine : « non plus est in promissione bonorum quam quod superest deducto ære alieno[1] » ; mais il n'est pas besoin aujourd'hui d'user des subtilités de cette loi qui refusait aux créanciers une action directe contre le mari devenu possesseur de la dot, mais permettait à la femme poursuivie par ces créanciers d'exiger de son mari le montant des dettes qu'elle eût été fondée à lui retenir : le principe général que nous avons rappelé suffit à trancher la question. Au reste, la situation qui est faite ici au mari est celle de tout usufruitier universel ou à titre universel.

1. L. 72. D. de juri dotium.

Mais si la femme s'est constitué en dot des objets particuliers, doit-on accorder le droit de poursuite indistinctement à tous les créanciers ? Quant aux créanciers ayant privilége ou hypothèque sur les biens dotaux, on leur accorde, sans difficulté, le droit de saisie sur la pleine propriété de ces biens, et cette solution ne nous paraît pas susceptible de critique. Mais que devra-t-on décider quant aux créanciers chirographaires ? La situation qui doit leur être faite a été l'objet de trois systèmes : le premier leur refuse absolument tout droit de poursuite sur les biens dotaux ; le second leur permet de saisir la nue-propriété de ces biens, l'usufruit devant en être réservé au mari ; enfin le troisième leur accorde un droit absolu de saisie sur la pleine propriété. Lequel de ces trois systèmes devons-nous adopter ? Quant au premier, on doit tout d'abord le rejeter comme méconnaissant le caractère véritable de la constitution de dot : les auteurs qui l'ont admis [1] considèrent en effet la constitution de dot faite par la femme comme étant une aliénation. Voici comment ils raisonnent : le patrimoine de la femme dotale, disent-ils, est divisé par la loi en deux parties, dont l'une, les paraphernaux, reste libre et forme toujours le gage des créanciers, tandis que l'autre est *soustraite à son droit de disposition*, et se trouve dans le même cas, sous ce rapport, que s'il s'agissait des biens d'un tiers. Cela étant, il s'en suit nécessairement que quand la femme a fait, *d'une manière efficace, envers ses créanciers*, passer un

1. V. Marcadé, t. 6, p. 72.

immeuble de son patrimoine libre dans son patrimoine inaliénable, les créanciers ne peuvent pas plus l'exproprier que s'il était passé dans le patrimoine d'un tiers; ils ne peuvent invoquer que deux causes de poursuite : une hypothèque, ou le caractère frauduleux de la constitution. — Or rien n'est plus faux que ce raisonnement : la constitution de dot ne fait point sortir du patrimoine de la femme les biens qu'elle se constitue, et nous nions précisément ce que ces auteurs, procédant par affirmation et résolvant la question par la question, considèrent comme indiscutable, à savoir que la femme puisse faire passer, d'une manière efficace envers ses créanciers, un immeuble de son patrimoine libre dans son patrimoine inaliénable. Les effets de cette inaliénabilité, dont l'immeuble sera frappé pour l'avenir, ne peuvent être de faire disparaître le droit de gage général dont ces biens étaient grevés en vertu de l'article 2092, et on ne peut les faire remonter au delà du contrat de mariage qui a créé cette indisponibilité. C'est précisément cette considération qui, nous le savons, a inspiré le législateur dans l'article 1558, § 3, et cet article ne distingue nullement entre les divers créanciers antérieurs au mariage : qu'ils soient chirographaires ou hypothécaires, peu importe ; c'est qu'en effet le droit que revendiquent ces créanciers n'est point un droit de suite, mais un droit général de saisie qui leur a été conféré par les art. 2092, 2093 et 2094, et auquel la femme ne peut, par une constitution de dot, soustraire des biens qui ne sont frappés d'inaliénabilité que pour l'avenir, et *dont elle conserve la propriété.*

Ce premier système étant écarté, restent les deux autres : lequel adopterons-nous ? Nous croyons devoir nous rallier à l'opinion qui n'accorde aux créanciers le droit de saisie que sur la nue propriété des biens dotaux. S'il est vrai, en effet, que la femme dotale conserve la propriété des biens sur lesquels nous avons accordé un droit de saisie aux créanciers, il n'en est pas moins certain que la constitution de dot a conféré au mari un démembrement de ce droit de propriété, à savoir l'usufruit des biens dotaux. Il suffit de lire les articles 1550, 1555, 1562, 1568, 1571 C. C. pour se convaincre que la loi considère le mari comme un usufruitier. En vain objecte-t-on que si le mari est autorisé à percevoir les fruits et revenus de la dot, ce n'est qu'en qualité d'administrateur ; qu'il n'en jouit qu'au lieu et place de la femme et parce que ces fruits sont destinés à aider le mari à supporter les charges du ménage. A cela la réponse est bien facile : la jurisprudence (car c'est la jurisprudence qui a créé le système que nous combattons) commet ici une confusion ; elle confond les uns avec les autres les différents droits que le mari tient de la loi. Ces droits sont en effet de deux sortes : ceux qu'il exerce en qualité d'*administrateur* de la dot et en vertu d'un mandat légal, tel est le droit de poursuivre les détenteurs et les débiteurs des biens dotaux, et ceux qu'il exerce en qualité d'usufruitier. Ce n'est point en effet en qualité d'administrateur qu'il a la jouissance de la dot et le droit de s'approprier personnellement l'excédant des revenus sur les besoins du ménage ; vit-on jamais administrateur jouir d'un pareil droit ? C'est donc qu'il est usufruitier.

On objecte encore que l'article 1558, § 3, par analogie duquel nous devons raisonner en cette matière, ne réserve point l'usufruit au mari comme l'article 1555 a pris soin de le faire pour le cas où il s'agit de l'établissement des enfants nés d'un premier mariage. Mais la raison en est simple : le législateur venait précisément, dans l'article 1555, de faire à une espèce l'application des principes généraux qui régissent l'usufruit ; il eût été superflu de se prononcer de nouveau dans l'article 1558.

Enfin on ne peut objecter qu'il est immoral que le mari puisse jouir des revenus au détriment des créanciers, car d'une part c'est là la situation qui est faite par la loi aux créanciers chirographaires de quiconque a transmis à autrui un démembrement du droit de propriété sur des objets singuliers, et, d'autre part, subissant la loi commune, ils pourront aussi, le cas échéant, jouir du droit que confère à tout créancier l'article 1167 contre les actes faits en fraude de ses droits. Le système de la jurisprudence manque au reste de logique et de précision : il manque de logique, car nous y avons remarqué une tendance que rien ne justifie, à se montrer plus ou moins favorable aux créanciers suivant que la femme, qui s'est constitué en dot des objets singuliers, ne possédait pas ou possédait des paraphernaux au jour du contrat de mariage ; il manque de précision, car on n'y trouve point indiquée d'une façon suffisante la distinction si importante que l'on doit établir entre le cas où la constitution est à titre universel, et le cas où elle est à titre particulier [1].

1. Comp. Aubry et Rau, t. 5, p. 606 et les autorités que ces auteurs citent à la note 8. Montpellier, 6 mars 1844 ; Bordeaux, 29 août 1855 ; Cass., 29

Supposons maintenant que la constitution de dot émane d'un tiers : comment sera réglé le droit des créanciers personnels de la femme ? La majorité des auteurs refuse aux créanciers de la femme le droit de saisie sur les biens qui lui ont été constitués en dot par des tiers, et la jurisprudence paraît avoir consacré cette théorie. Dans ce système on argumente de l'inaliénabilité dont sont frappés à l'instant même où ils entrent dans le patrimoine de la femme les biens dont il s'agit. Telle n'est point l'opinion à laquelle nous croyons devoir nous rallier. Nous comprenons que cette théorie soit enseignée par les auteurs qui rattachent l'inaliénabilité au principe d'une simple indisponibilité des biens dotaux qu'ils considèrent comme mis hors du commerce : en cela ils ne sont que logiques ; quant à nous qui avons rejeté ce système, nous devons considérer les créanciers personnels de la femme comme jouissant du droit de poursuite sur les biens qu'un tiers lui a constitués en dot. D'une part, en effet, ces biens font partie du patrimoine de la femme, et ses créanciers peuvent, par conséquent, invoquer l'article 2092, et, d'autre part, les obligations dont il s'agit ayant été valablement contractées, puisqu'à l'époque où la femme s'est obligée elle n'était pas encore engagée dans les liens du mariage, il en résulte qu'aucun obstacle ne peut être apporté au droit de saisie des créanciers. S'il est vrai que les biens constitués en dot par un tiers ont été frappés d'inaliénabilité à l'instant même où

août 1860 ; Caen 1861 ; D. P. 1845, 2, 38 — 1857, 2, 52 — 1860, 1, 428 — — 1861, 5, 120.

ils entraient dans le patrimoine de la femme, il n'est pas moins certain que cette inaliénabilité ne doit produire ses effets que dans l'avenir, puisque le but de la stipulation de dotalité n'est que de protéger les biens de la femme contre les engagements qu'elle contracterait pendant le mariage sous l'influence du mari : la femme ne peut donc invoquer cette stipulation pour soustraire ses biens aux obligations qu'elle a contractées, avant le mariage, dans la pleine liberté de sa personne et de ses droits.

Considérez, au reste, quelle serait la conséquence du système que nous avons rejeté : si l'on admet que les biens de la femme sont *mis hors du commerce* dès qu'ils sont frappés de dotalité, il ne faut point distinguer, quant aux droits des créanciers, quelle est l'origine de ces biens ; car le législateur, lorsqu'il met un bien hors du commerce, ne fait aucune distinction à cet égard, et, quelle que soit cette origine, il faut décider que les créanciers ne pourront pas les atteindre : peu importe que la constitution de dot émane de la femme ou d'un tiers. D'où il résulterait que la femme échapperait à toute poursuite de ses créanciers en se constituant en dot ses biens présents et à venir.

En terminant, faisons observer que les distinctions que nous avons admises entre les droits des diverses classes de créanciers sur la pleine propriété ou la nue-propriété seulement des biens dotaux, lorsque la constitution en dot d'objets particuliers émane de la femme, devront être également admises lorsque la constitution émanera d'un tiers. Les créanciers hypothécaires ou privilégiés pourront donc saisir la pleine propriété de la dot, tandis que les créanciers chirographaires devront réserver l'usufruit au mari.

Tels seront, sur les biens dotaux, les droits des divers créanciers de la femme antérieurs au mariage, dans l'une et l'autre hypothèses que nous nous étions proposées. L'examen que nous en avons fait n'est cependant pas encore complet, et il nous faut rechercher maintenant à quelles conditions précises et déterminées sera soumis l'exercice de ces droits.

Nous avons jusqu'à présent employé l'expression « antérieure au mariage » appliquée aux obligations dont l'exécution pouvait être demandée sur la dot, et nous avons laissé ainsi pendante la question très-discutée de savoir s'il ne faut pas exiger que ces obligations soient antérieures non-seulement au mariage, mais encore au contrat de mariage ; le moment est venu de donner une solution à cette difficulté. Le doute naît des dispositions de l'article 1558, par analogie duquel on doit, nous le savons, raisonner en cette matière, et qui dispose que les obligations pour l'exécution desquelles la femme pourra obtenir de la justice l'autorisation d'aliéner ses biens dotaux devront avoir une date antérieure au « *contrat de mariage* » : telle est l'origine de la difficulté. La plupart des auteurs enseignent [1] que la date des obligations doit être antérieure au *contrat de mariage* ; mais malgré toute l'autorité que ce système emprunte aux noms des auteurs qui l'ont adopté,

1. V. Aubry et Rau, t. 5, p. 604, note 3 ; Tessier, t. 1, p. 421, note 638. — Troplong, C. de M, n° 3468.

nous ne pouvons l'accepter. Le seul argument direct que nous ayons à combattre est l'argument de texte tiré de l'article 1558 § 4 que nous avons fait connaître; mais cet argument ne nous paraît pas suffisant, alors qu'on ne peut prêter au législateur aucun motif sérieux qui vienne à l'appui de la lettre qu'on invoque. Nous croyons que ces mots « date antérieure au contrat de mariage » sont dus à une inadvertance du législateur, et qu'il faut les entendre dans le sens de « date antérieure à la *célébration du mariage* ». Cette interprétation nous paraît à la fois plus conforme à l'esprit des règles particulières qui font l'objet de cette étude, et aux règles générales auxquelles sont soumises les conventions nuptiales. Nous ajouterons que le système contraire se montre absolument opposé aux vues du législateur, en sacrifiant sans motif sérieux les droits légitimes de créanciers dont la situation est digne de tout intérêt. Et d'abord notre interprétation est plus conforme, disons-nous, à l'esprit qui a dicté la règle de l'inaliénabilité directe ou indirecte de la dot; en effet, il ne faut pas oublier que si les obligations que contracte la femme pendant le mariage ne peuvent pas être poursuivies sur les biens dotaux, c'est *uniquement* parce que la loi suppose que ces obligations ont été contractées sous l'influence du mari; or à quel moment cette influence commence-t-elle à s'exercer, et à quel moment cette présomption *juris et de jure* qui a créé l'incapacité de la femme peut-elle naître? C'est à l'instant même où le mariage est célébré Comment donc pourrait-on la faire rétroagir au jour du contrat de mariage?

Est-ce que dans l'intervalle qui a séparé le jour où ce contrat a été signé, du jour de la célébration du mariage, la femme n'a pas été pleinement capable et maîtresse de ses droits ? Est-ce que ces conventions nuptiales, qui ne sont, jusqu'à ce que le mariage les ait rendues immuables, que les règles destinées à régir une union seulement projetée et encore incertaine, peuvent, à cette époque, frapper la femme d'incapacité ? L'article 1410 C. C. nous fournit, dans cet ordre d'idées, un puissant argument : cet article dispose en effet que toute dette mobilière contractée par la femme et ayant une date certaine *antérieure au mariage* et non pas antérieure au *contrat de mariage*, tombera dans la communauté : c'est qu'en effet c'est la célébration du mariage qui seule change la situation des époux vis-à-vis des créanciers. Quel motif le législateur aurait-il donc eu d'édicter en matière de régime dotal une règle contraire ? On a prétendu que l'article 1410 ne pouvait pas être invoqué ici par analogie, « attendu que la communauté ne commence qu'au jour du mariage célébré devant l'officier de l'état civil [1] ». Mais le régime dotal commence-t-il donc avant la célébration du mariage ?

Est-ce que ce n'est pas le propre de tous les régimes nuptiaux de ne commencer à régir les époux qu'au jour où le mariage est célébré ?

C'est en vain que l'on objecte que le futur mari qui adopte le régime dotal a un immense intérêt à connaître,

1. C. de Riom D. P. 1852, 2, 98.

au jour où il prend cette décision, quelles sont les dettes qui viendront diminuer la dot qui lui est promise, et qu'il est nécessaire que la femme ne puisse pas diminuer encore cette dot par de nouvelles dettes qu'elle contracterait après le contrat de mariage. Mais cet intérêt du futur mari à connaître au jour du contrat quelles sont les dettes de la femme n'est-il pas le même lorsqu'il adopte le régime de communauté ? N'est-il pas même alors plus grand encore ? Car en vertu de la règle : *qui épouse la femme épouse les dettes,* la communauté devrait être tenue (et le mari lui-même) de *toutes les dettes mobilières* contractées par la femme. Ne serait-il pas d'un bien grand intérêt que le mari connût, au jour où il choisit le régime de communauté, quelle somme précise de dettes tombera dans la communauté ? Et cependant nous voyons que le législateur dans l'article 1410 n'a tenu aucun compte de cet intérêt : nous pensons qu'il ne s'en est pas préoccupé davantage dans l'article 1558. Nous ne croyons pas au reste que le législateur ait, en quoi que ce soit, songé au mari en écrivant l'article 1558. Cet article se lie en effet d'une façon intime avec les articles 1554, 1557 ; il fait partie d'un ensemble de dispositions dont le but est de régler l'inaliénabilité de la dot *pendant le mariage* et les exceptions qui pourront être apportées à ce principe ; notre article 1558, en particulier, règle quatre de ces exceptions : c'est là le seul objet de cet article, et puisqu'il ne s'agit ici que d'exceptions à la règle de l'inaliénabilité de la dot *pendant le mariage,* on ne peut tirer de cet article une règle dont la conséquence serait, à pro-

pas laisser à sa disposition un moyen facile d'éluder la prohibition de la loi ; or on comprend que si l'on admettait le moyen terme indiqué plus haut, la femme dotale éluderait facilement la loi en se laissant condamner à des dommages intérêts dans le cas même où, ayant averti l'autre partie contractante, elle ne serait susceptible d'aucun reproche. Ce tempérament détruirait donc la règle. Nous préférons notre système comme plus conforme à l'esprit de la loi, et aussi comme plus logique.

Hâtons-nous de faire observer que la règle que nous admettons ici souffrirait une exception dans le cas où la femme s'obligerait par fraude et dans le seul but de diminuer la dot, car « *fraus omnia corrumpit* » ; mais, bien entendu, la preuve de la fraude incomberait au mari, et encore celui-ci n'aurait-il intérêt à faire constater la fraude que si la constitution de dot était à titre universel, ou dans le cas où, cette constitution étant d'objets particuliers, l'obligation contractée par la femme serait garantie par un privilége ou une hypothèque, puisque nous avons décidé qne lorsque la constitution est à titre particulier, les créanciers qui ne sont ni hypothécaires ni privilégiés ne peuvent poursuivre que la nue-propriété.

Disons, en passant, qu'étant donnée la généralité du système que nous venons d'admettre, nous n'avons pas à discuter la question que l'on pose dans les systèmes que nous avons rejetés, et qui est celle de savoir si les dettes contractées par la femme dans le contrat même de mariage, comme charge de donations qui lui sont faites, sont exécutoires sur la dot.

Ainsi donc il n'est pas nécessaire que la dette soit antérieure au contrat de mariage : il suffit qu'elle soit antérieure à la célébration du mariage. Mais comment le créancier prouvera-t-il que la dette est antérieure à la célébration du mariage ? On doit exiger, croyons-nous, qu'il *apporte un titre ayant date certaine.*

En effet l'article 1558 exige, pour que la dot puisse être aliénée pendant le mariage pour payer les dettes de la femme, antérieures au mariage, que ces dettes aient *date certaine* ; or cette possibilité d'aliéner volontairement la dot n'ayant été admise que pour permettre aux époux d'éviter une expropriation, la loi, en disant que l'aliénation volontaire ne pourra être autorisée que si la dette a une date certaine, nous a implicitement fait connaître que l'aliénation forcée ne pouvait avoir lieu que si la *date de la dette était certaine.* Rien au reste n'est plus logique : on comprend que s'il suffisait, pour que le droit de poursuite fût accordé aux créanciers, que la dette portât une *date apparente* antérieure au mariage, la femme dotale pourrait, en antidatant les obligations qu'elle souscrirait pendant le mariage, échapper à l'incapacité dont elle est frappée. Or quel est, dans l'article 1558 § 4, le sens de ces mots « *date certaine* » ? Les travaux préparatoires vont nous l'apprendre : le projet primitif n'exigeait pas que la *date fût certaine*, mais seulement qu'elle fût « *antérieure* » au mariage ; mais le consul Cambacères fit observer « qu'il serait utile que la dot

« ne fût aliénée que dans le cas de la *nécessité la plus impé-« rieuse*, et qu'en conséquence il conviendrait de réduire « l'aliénabilité pour *dettes*, aux *seules dettes contractées « par acte authentique* »[1]. L'amendement fut pris en considération, et l'article fut renvoyé à la section qui y ajouta la condition de la *date certaine*.

Ainsi donc c'est bien *un titre* que le législateur a voulu exiger du créancier ; et si l'expression « *date certaine* » a été substituée à celle « de date constatée par acte authentique », c'est que cette expression répondait mieux aux vues du législateur, en ce sens qu'en même temps qu'il se montrait ainsi plus équitable envers les créanciers, il coupait court à *toute fraude de la part de la femme*.

En effet, en exigeant que la date fût constatée par un titre authentique, la loi eût écarté tout créancier muni d'un simple titre sous seing privé, tandis qu'en exigeant seulement que la date *soit certaine*, la loi a permis aux créanciers d'invoquer l'article 1328, aux termes duquel l'acte sous seing privé a date certaine vis-à-vis des tiers s'il est enregistré, si le contenu en est constaté dans un acte dressé par l'officier public, ou si l'un des signataires est décédé ; et il est indiscutable que, dans ces conditions, la fraude est aussi impossible pour la femme que si l'on eût exigé un acte authentique.

Tels doivent donc être les seuls modes de preuves permis aux créanciers, à savoir un titre authentique, ou un titre

1. Séance du 4 Brumaire an XII : Locré, Légis. l. Civ. t. XIII, p. 11, III, p. 231.

sous-seing privé ayant acquis date certaine, conformément aux termes de l'article 1328. Si l'on objecte que, dans l'article 1558, le législateur ne s'est point expliqué sur le sens qu'il entendait donner à ces mots « date certaine », nous répondrons d'abord que sa pensée a été clairement manifestée dans la séance des Travaux préparatoires que nous venons de rappeler, et que, d'autre part, on ne saurait admettre que la loi eût voulu se montrer moins sévère envers les créanciers de la femme mariée sous le régime dotal qu'elle ne l'a été à l'égard de ceux de la femme mariée sous le régime de la communauté, en exigeant formellement de ceux-ci, dans l'article 1410, un titre authentique ou sous seing privé ayant acquis date certaine. Et ne peut-on pas dire qu'ayant rappelé déjà dans l'article 1410 quels étaient les moyens de prouver d'une façon légalement *certaine*, quant à la date, une obligation vis-à-vis d'un tiers, moyens déjà indiqués dans l'article 1328, le législateur ne devait pas estimer qu'il fût nécessaire d'énumérer de nouveau ces moyens dans l'article 1558, appartenant au même titre du contrat de mariage, et traitant une matière analogue ; il devait être conduit à considérer que les mots *date certaine* indiqueraient suffisamment à eux seuls la façon dont la certitude de la date devait être établie, étant donné surtout les sévérités du régime dotal.

Il est au reste si vrai que, lorsque le législateur exige une date certaine, on présume qu'il a renvoyé, quant aux moyens de preuves de cette date, à l'article 1328, que l'on n'hésite pas à compléter par cet article 1328 les dispositions insuffisantes de l'article 1510 C. civ. et même celles de l'article 563 C. com. qui restreint l'hypothèque légale de la femme du failli [1]. Et d'ailleurs si le législateur eût entendu laisser à l'appréciation des tribunaux la preuve de la certitude de la date, pourquoi eût-il modifié le projet primitif? En exigeant, ainsi que le faisait ce projet, que la *date* fût *antérieure au mariage*, il obligeait bien le créancier à prouver cette antériorité. Pourquoi donc y a-t-il apporté une modification? C'est que si le texte primitif eût été conservé, les tribunaux auraient pu admettre tout mode de preuve présenté par les créanciers, tandis que le texte nouveau, en exigeant la preuve d'une *date certaine*, indique ainsi qu'il faut exiger ce que l'on entend d'ordinaire par *date certaine*, c'est-à-dire un acte authentique ou un acte sous seing privé, aux termes de l'article 1328. On doit donc rejeter le système enseigné par quelques auteurs [2] et admis par quelques arrêts [3], d'après lequel les créanciers pourraient faire preuve de l'antériorité de la dette par toute espèce de mode de preuve.

Nous n'admettrions même pas de tempérament à la règle que nous avons indiquée dans le cas où la dette dont le paiement serait demandé n'excéderait pas 150 fr.

L'art. 1558 ne distingue pas, nous ne devons donc pas distinguer non plus : le but que poursuit le législateur nous

1. Massé. Droit commercial, t. 4. 2436-7, 2e édition.
2. Troplong. Contrat de m. t. 4 n° 3467.
3. Grenoble 13 mai 1831. Sir. 1832, 2, 682. — Montpellier, Sir, 1865, 2, 95.

fait du reste un devoir de maintenir notre règle intacte. Quelle différence y a-t-il en effet, au point de vue des dangers de la fraude que la loi a voulu prévenir, entre le cas où la dette excède 150 fr, et celui où elle n'est pas supérieure à ce chiffre? Est-ce que, dans le second cas comme dans le premier, la fraude n'est pas à craindre, et, si cette fraude vient à être commise, la règle de l'inaliénabilité de la dot pendant le mariage ne sera-t-elle pas violée?

En vain objecte-t-on que l'on ne saurait se montrer rigoureux au point d'exiger que quiconque contracterait avec une fille ou une veuve prît la précaution de faire constater par écrit une créance d'un chiffre insignifiant, puis de faire enregistrer son titre. Pourquoi donc? Est-ce parce que le chiffre est insignifiant? Mais la femme pourra, s'il en est ainsi, multiplier les dettes de 150 fr. ou de sommes moindres, de façon que le total formera une somme considérable. Si l'on exige du créancier d'un somme de 150 fr. qu'il se mette en garde contre le mariage de sa débitrice, si l'on exige de lui qu'il prévoie ce mariage, pourquoi ne pas en exiger autant du créancier d'une somme moindre? Examinons au reste quelles seraient les conséquences de ce système.

Les partisans de l'opinion que nous combattons ici font le raisonnement suivant : en admettant que l'on exige un titre ayant date certaine, il faut au moins, disent-ils, restreindre cette exigence au cas où la loi, d'après les principes généraux admis en matière de preuve, exige un *titre*, c'est-à-dire au cas où le chiffre de la dette excède 150 fr.

Mais à quelle conséquence conduit ce raisonnement ? Pour être logique il faudra, dans ce système, admettre alors que le créancier n'aura pas besoin d'un titre ayant date certaine dans le cas où le chiffre de la dette, étant supérieur cependant à 150 fr., le créancier aura un commencement de preuve par écrit ; dans ce cas en effet la loi permet au créancier vis-à-vis de son débiteur la preuve de l'obligation par témoins ; donc le créancier pourra faire ainsi la preuve et de la *dette* et de la *date*, par le même mode de preuves tout à la fois. Cette conséquence, les auteurs dont nous combattons l'opinion n'ont pas hésité à l'admettre, par ce motif, disent-ils, qu'il serait étrange que celui qui peut faire preuve de la dette même ne pût pas, par le même moyen, faire preuve de la date de cette dette. C'est par le même motif qu'ils décident encore que si le créancier d'une somme de 150 fr. seulement présente un titre n'ayant pas date certaine, il pourra prouver par témoins l'antériorité de cette date ! Mais ces auteurs confondent absolument la preuve des obligations faite entre les parties et cette preuve faite vis-à-vis des tiers. C'est précisément pour exiger du créancier quelque chose de plus, une preuve plus rigoureuse que celle admise par les principes généraux vis-à-vis du débiteur, que l'article 1558, § 4, a été fait.

Si le raisonnement des auteurs que nous combattons était juste, il faudrait donc décider que le créancier d'une somme excédant 150 francs pourrait prouver par témoins l'antériorité de la date, s'il avait un titre, puisqu'il le pourrait s'il n'avait, au lieu d'une preuve écrite, qu'un commencement de preuve par écrit ! Alors l'article 1328 disparaîtrait du code. Ce système est donc inadmissible.

La loi au reste n'a dit nulle part que la preuve de la date pourrait être *faite par témoins*, *vis-à-vis des tiers* : or, dans notre espèce, le mari *est un tiers*, si l'on considère l'usufruit de la dot ; et, quant à la nue propriété, le tiers ici, c'est la dot elle-même, que couvre le principe d'*inaliénabilité*.

Ajoutons que si l'on admettait le système que nous rejetons, il faudrait décider que *dans tous les cas*, soit que la dette excédât 150 francs, soit qu'elle fût inférieure à ce chiffre, l'*aveu* de *la femme* prouverait et la dette et en même temps l'antériorité de la date. Or ce résultat n'est-il pas inadmissible ? Quelques arrêts l'ont cependant consacré[1] : nous comprendrions peut-être qu'on l'eût admis sous le régime de communauté, où la date certaine n'a été exigée que pour protéger le mari et la communauté, et où, par suite, l'aveu des deux époux peut être, à la rigueur, considéré comme une preuve suffisante. Mais sous le régime dotal nous ne croyons pas qu'il puisse en être ainsi ; ce qui s'y oppose, c'est le principe de l'inaliénabilité de la dot ; c'est cette défiance que manifeste le législateur à l'égard du mari et de la femme. Quoi de plus suspect que l'aveu de la femme et celui du mari dans une hypothèse où la fraude est à craindre de la part des deux époux ? Admettre l'aveu de la femme ne serait-ce pas ouvrir à la fraude l'accès

1. Arrêt de la Cour d'Aix. Sir. 1866, 2, 52.

le plus facile? Et comment l'aveu du mari pourrait-il être de quelque poids en cette matière, alors que ce n'est pas le seul intérêt du mari qui éveillait la sollicitude du législateur?

Nous croyons donc que la règle que nous avons posée ne doit souffrir aucune exception ; on doit l'appliquer par conséquent même en matière commerciale. La jurisprudence s'est cependant prononcée en sens contraire de cette dernière solution ; mais il est à remarquer que dans les espèces fort peu nombreuses sur lesquelles il a été statué, d'une part la femme avait avoué la dette à l'origine, et, d'autre part, la constitution de dot apparaissait comme entachée de fraude à l'égard des créanciers. Ces décisions nous paraissent arbitraires : étant donné le principe que nous avons posé ci-dessus, nous ne pouvons les admettre [1]. Si en effet c'est en fraude des droits de ses créanciers, porteurs de titres dont la date antérieure au mariage n'est pas certaine, que la femme a fait une constitution de dot, c'est par l'action Paulienne que ces créanciers doivent agir : ils devront faire déclarer nulle, quant à eux, la constitution de dot, et ils pourront saisir alors la nue propriété des biens dotaux. C'est un droit que l'on ne peut pas leur refuser. A peine avons-nous besoin de faire observer, en terminant, qu'en l'absence de toute fraude de la part de la femme, les créanciers dont les créances n'auraient pas acquis date certaine avant le mariage, n'auraient pas plus action sur la nue propriété de la dot que sur l'usufruit.

1. Cass. 1 décembre 1830.

Ajoutons que l'autorisation de justice n'est pas nécessaire aux créanciers qui saisissent les biens dotaux en vertu d'un titre ayant date certaine *antérieure* au mariage : ces créanciers ont en effet un droit direct que la constitution de dot n'a pas altéré. D'autre part, ces créanciers ne sont point obligés de faire au mari la sommation que l'article 2169 C. civ. exige, que le créancier saisissant fasse *au tiers* détenteur ; le mari n'est point en effet un tiers détenteur ; il est obligé de ne point apporter d'obstacle à l'exercice du droit des créanciers par ce motif que la dot n'existe entre ses mains que *deducto œre alieno*.

Enfin, il importe peu, au point de vue du droit de poursuite qui compète au créancier, que la dette née d'un contrat ou d'un quasi-contrat antérieur au mariage, n'ait été liquidée qu'après cette époque : tel serait le cas d'un compte de tutelle rendu par une mère remariée. Il en serait de même des dettes qui seraient nées de délits ou de quasi-délits et de condamnations pécuniaires, pour réparations civiles ou pour dépens, prononcées contre la femme, pendant le mariage, à raison soit d'un procès commencé, soit d'un délit commis avant le mariage. Les dépens sont l'accessoire de la créance, et on peut en poursuivre l'exécution sur la dot, de même que celle de la condamnation principale[1].

Il faut décider aussi que la femme condamnée à la restitution d'un immeuble qu'elle s'était indûment constitué en

1. Toulouse, 27 mai 1843. D. p. 1845, 2, 22.

dot est tenue de restituer les fruits. On objecterait en vain que les fruits ayant été perçus chaque année par le mari, ce serait le mari seul qui en serait débiteur : il faut, pour déterminer les droits du créancier, remonter à l'origine de la dette ; or à l'époque où la dette est née, celui-ci avait sur les biens de la femme un droit que les conventions matrimoniales n'ont pu modifier.

CHAPITRE III.

DES DETTES NÉES PENDANT LE MARIAGE.

Lorsqu'il s'agit d'obligations nées pendant le mariage, il faut, pour apprécier les droits des créanciers de la femme, distinguer si la dette dont le paiement est poursuivi est une dette contractuelle ou une dette non contractuelle.

SECTION I.

DES DETTES CONTRACTUELLES

L'incapacité de la femme mariée sous le régime dotal a pour effet de rendre nulles les obligations que celle-ci a contractées pendant le mariage, sur ses biens inaliénables; si donc la femme s'oblige envers les tiers, ceux-ci ne pourront pas, en règle générale, poursuivre sur les biens dotaux l'exécution de ces obligations. Mais l'article 1554 réserve des cas exceptionnels dans lesquels l'immeuble dotal peut être aliéné : nous devons nous demander si, dans ces mêmes cas, la femme sera relevée de l'incapacité de contracter que nous avons rattachée à l'inaliénabilité. Pour résoudre cette question, examinons successivement chacune de ces hypothèses.

La première résulte de la disposition de l'article 1557 aux termes duquel l'immeuble dotal peut être aliéné lorsque l'aliénation en a été permise par le contrat de mariage. Deux questions se posent.

1° Les époux peuvent-ils convenir dans le contrat de mariage que la dot pourra être hypothéquée ?

Nous ne croyons pas que l'on puisse, pour interdire cette clause aux époux, tirer un argument du silence gardé sur ce point par l'article 1557, lequel ne lève expressément que l'une des deux prohibitions édictées par l'article 1554, à savoir la prohibition d'aliéner. Dans l'article 1554, disent cependant les partisans du système que nous combattons, le législateur interdit aux époux d'aliéner ou d'hypothéquer la dot, sauf dans les cas exceptionnels spécifiés par la loi ; puis, dans l'article 1557, il leur permet d'aliéner la dot dans le cas où cette aliénation est autorisée par les conventions nuptiales ; mais il ne lève point la prohibition relative à l'hypothèque : donc cette prohibition subsiste. Ils ajoutent que leur interprétation puise une grande force dans la tradition du droit romain antéjustinien. La loi Julia (nous l'avons vu) permettait en effet au mari d'aliéner le fonds dotal avec le consentement de la femme, et lui défendait de l'hypothéquer même avec ce consentement.

Ces motifs ne nous paraissent pas être suffisants pour que l'on distingue, à ce point de vue, entre la faculté d'aliéner et celle d'hypothéquer la dot. L'esprit de notre droit n'est plus en effet celui du droit romain, dans lequel le régime dotal était le régime de droit commun, et il ne faut pas exagérer les conséquences de ce régime au point de transformer l'interdiction d'hypothéquer en un principe supérieur auquel la volonté des époux ne pourrait porter atteinte.

Mais nous ne saurions aller jusqu'à admettre que la faculté d'aliéner, inscrite au contrat des époux, implique pour eux la faculté d'hypothéquer : l'aliénation et l'hypothèque diffèrent trop essentiellement entre elles, par leur nature, leur caractère et leurs effets, pour que l'on induise la faculté d'hypothéquer de la clause qui autorise l'aliénation. Les époux, en adoptant le régime dotal, se sont soumis à toutes les conséquences de ce régime : les réserves qu'ils ont faites doivent être interprétés restrictivement, et on doit s'en tenir aux termes de leur contrat en laissant subsister toutes les conséquences du régime dotal qu'ils n'ont pas expressément écartées.

Les hypothèses exceptionnelles en prévision desquelles le législateur a autorisé l'aliénation de la dot sont énumérées dans l'article 1558, aux termes duquel l'immeuble dotal peu être aliéné *avec permission de justice et aux enchères après trois affiches* : 1° pour tirer de prison le mari ou la femme; 2° pour fournir des aliments à la famille; 3° pour payer les dettes de la femme ou de ceux qui ont constitué la dot, lorsque ces dettes ont une date certaine antérieure au contrat de mariage; 4° pour faire de grosses réparations indispensables pour la conservation de l'immeuble dotal; 5° lorsque cet immeuble se trouve indivis avec des tiers, et qu'il est reconnu impartageable.

Dans ces cinq cas, les tribunaux peuvent-ils autoriser, au lieu d'aliénation, un emprunt fait par la femme avec

1. Requête rej. Cass. 30 décembre 1850. — Sir. 61, 1 29.

constitution d'hypothèque ? Nous ne le pensons pas, bien que la cour de cassation soit allée jusqu'à admettre [1] que l'autorisation d'aliéner l'immeuble dotal, accordée à la femme par la justice, emportait celle d'hypothéquer. Nous estimons que l'on doit s'en tenir aux termes précis et formels de l'article 1558, dans lequel le législateur ne prévoit qu'une aliénation et non pas un emprunt hypothécaire, ainsi que le démontre bien, au reste, la disposition finale de cet article, qui, supposant qu'il peut y avoir un excédant du prix de vente au-dessus des besoins qui ont nécessité l'aliénation, statue sur l'emploi de cet excédant.

On objecte vainement que les intérêts de la femme seraient suffisamment protégés par le contrôle de la justice sanctionnant l'emprunt hypothécaire, et que la constitution d'hypothèque n'est pas plus dangereuse que l'aliénation, parce que, dans le cas où l'hypothèque constituée entraînerait la vente de l'immeuble, cette vente aurait lieu dans les formes des ventes sur saisie, lesquelles donneraient à la femme les mêmes garanties que les formalités judiciaires exigées par l'article 1558. Mais nous ferons observer que si l'on reste dans les termes précis de l'article 1558, les tribunaux n'autoriseront l'aliénation volontaire qu'au moment où cette aliénation sera favorable, tandis que, la vente sur saisie ayant lieu au moment choisi par le créancier, il se peut qu'elle ait lieu dans un temps peu favorable aux intérêts de la femme, tel qu'une époque de crise politique ou financière choisie par le créancier désireux de se rendre adjudi-

1. Req. rej. Cass. 30 décembre 1850, Sirr. 1851, 1, 29.

cataire à vil prix, et, dans ce cas, la vente causerait de graves préjudices à la femme.

C'est à l'aide des mêmes principes que nous croyons devoir interpréter les articles 1555 et 1556. Aux termes de ces articles la femme peut, avec l'autorisation de son mari, ou, sur le refus du mari, avec permission de justice, donner ses biens dotaux, pour l'établissement de ses enfants issus d'une précédente union, ou pour l'établissement des enfants communs. Nous ne croyons pas que l'on puisse tirer de ces articles, le pouvoir pour la femme d'aliéner ou d'affecter hypothécairement l'immeuble dotal en vue de la réalisation du but qu'ils prévoient[1].

En résumé donc, les obligations que la femme a contractées pendant le mariage ne peuvent être poursuivies sur le bien dotal que lorsque la femme s'est obligée dans les limites permises par les conventions matrimoniales. Lorsque la femme s'est obligée hors de ces limites, elle a le droit de maintenir l'insaisissabilité du bien dotal : si donc la dot est saisie, la femme pourra opposer la nullité de la saisie, *et elle devra même le faire pour éviter la déchéance de l'action en revendication* contre les tiers adjudicataires, car cette déchéance, qui résulte des termes de l'article 728, C. de proc. civ., doit être considérée comme étant d'ordre public.

Mais les règles que nous avons posées en ce qui touche le principal de la dot s'appliquent-elles aussi aux revenus

1. Arrêt de la Cour de Poitiers, affaire Lapouyade : 14 juillet 1838 ; Président M. Vincent Molinière.

des biens dotaux? Il semble que cette question ne puisse présenter d'intérêt, en ce qui concerne les créanciers de la femme, que lorsque celle-ci a recouvré la jouissance de ses biens dotaux, c'est-à-dire soit à la suite d'une séparation de biens, soit après la dissolution du mariage. Le mari a en effet jusqu'alors le droit de percevoir les revenus de la dot, à charge par lui de pourvoir à l'entretien du ménage, et ces fruits, dès qu'ils ont été recueillis, ne se distinguent plus des autres biens du mari : les créanciers de la femme ne pourraient donc pas être admis à les saisir. On ne pourrait pas considérer le mari comme ayant compromis, en autorisant la femme à s'obliger, le droit qui lui compète sur les revenus dotaux (à la différence de ce qui est admis sous le régime de la communauté).

Mais si la femme s'est réservé, par son contrat de mariage, la jouissance et le droit de toucher sur ses seules quittances une partie des revenus dotaux, les créanciers auront-ils le droit de saisir les sommes ainsi réservées? Nous ne croyons pas que l'on puisse refuser ce droit aux créanciers de la femme, et nous rejetons la distinction admise par quelques auteurs qui n'accordent ce droit aux créanciers qu'en ce qui touche la portion des revenus excédant les besoins du ménage. Cette distinction ne nous paraît pas admissible, car le contrat, en donnant à la femme la libre disposition d'une partie de ses revenus, a rendu étrangères aux besoins du ménage les sommes ainsi réservées, la portion des revenus laissée entre les mains du mari étant exclusivement affectée à ces charges. A cet égard encore les conventions des époux tiennent lieu de loi[1].

SECTION II.

DES DETTES NON CONTRACTUELLES.

Nous avons supposé jusqu'ici que les obligations nées à la charge de la femme pendant le mariage résultaient d'un contrat, c'est-à-dire d'un acte de sa volonté ; et nous avons décidé que cette volonté étant impuissante lorsqu'elle tend à aliéner soit directement soit indirectement la dot, ne pouvait avoir, à l'égard des biens dotaux, aucune efficacité. Mais les obligations de la femme peuvent avoir d'autres sources qu'un contrat ; elles peuvent encore dériver d'un *crime ou d'un délit*, d'un *quasi-délit*, d'un *quasi-contrat* ou de la loi. Faudra-t-il décider que l'obligation née indépendamment de la volonté de la femme pourra s'exécuter sur les biens dotaux ? Le principe que nous avons posé au début de cette étude dicte notre réponse : l'inaliénabilité, avons-nous dit, est une règle de capacité : or il ne peut être question d'incapacité là où la volonté n'est pour rien. Le vice dont est entachée l'obligation de la femme lorsque cette obligation est née de sa volonté, n'affecte pas les obligations que la femme a contractées comme conséquence de son simple fait.

Examinons séparément chacune des hypothèses qui peuvent se présenter.

1. Contra. C. de Paris, 4 janvier 1870. Gazette des Tribunaux du 9 janvier.

I. Quant aux obligations nées d'un crime ou d'un délit commis par la femme, on ne saurait hésiter à accorder aux créanciers le droit d'en poursuivre le paiement sur les biens dotaux ; comment pourrait-on, sans blesser la morale publique, protéger, au point de vue des dommages-intérêts dus à la victime, la femme, même mariée sous le régime dotal, contre les conséquences de ses actes punissables, alors que le mineur lui-même est civilement responsable de ses crimes et délits ? Nos anciens auteurs étaient unanimes en ce sens; plus explicite que notre code, la Coutume de Normandie contenait un texte spécial (article 544) qui permettait l'exécution sur les biens dotaux des condamnations prononcées contre la femme à raison de *méfait, médit* ou *autre crime* [1].

Nos cours d'appel sont divisées sur cette question ; mais la majorité des décisions rendues est en faveur du principe que nous avons admis. C'est ainsi qu'il a été jugé que l'Etat a le droit de poursuivre l'aliénation des biens dotaux pour le recouvrement des frais auxquels ont donné lieu les poursuites criminelles dirigées contre une femme condamnée, sur ces poursuites, aux travaux forcés à perpétuité. Il a été jugé encore que l'aliénation des biens dotaux peut être poursuivie par les syndics d'une faillite pour l'acquit des condamnations prononcées au profit des syndics, à titre de

1. Roussilhe. De la dot, t. 1, 340, 426 et suiv. Lapérière, lettre P, nº 32. Tessier, note 675. D'Argou, Institution, t. 11, p. 88.

NOTE. — En Droit romain la dot pouvait être atteinte mais seulement en raison de cinq crimes déterminés. L. 3, 4, 5. *D. de bonis, damnatorum.*

réparation civile contre une femme convaincue de banqueroute frauduleuse [1].

Cependant la cour d'Aix, par un arrêt du 6 janvier 1843, se fondant sur le silence du législateur, silence d'autant plus significatif d'après l'arrêt, que le législateur avait sous les yeux les dispositions formelles des lois romaines et de quelques coutumes françaises, s'est prononcée en faveur de l'inaliénabilité absolue, et a jugé que l'on ne devait pas admettre à cette règle des exceptions autres que celles qui sont expressément prévues par la loi.

Nous considérons, au contraire, que si, dans le code civil, le législateur a gardé le silence sur les condamnations résultant des crimes, délits et quasi-délits commis par la femme dotale, c'est qu'il n'avait à prévoir que les engagements civils, dont les résultats pouvaient compromettre la dot : son silence ne doit point empêcher que dans les cas d'une autre nature et tirés d'un autre ordre de faits, le fonds dotal soit soumis à l'action judiciaire qui naît des crimes et des délits, et qui s'exerce soit incidemment, par la voie des tribunaux criminels ou correctionnels, soit, principalement, par la voie des tribunaux civils.

Au-dessus de l'intérêt domestique et privé s'élève en effet l'intérêt général qui domine tous les autres, et l'emporte sur celui de la famille considérée isolément. D'autre part lorsque la loi atteint et frappe la personne même de la femme, on ne peut admettre qu'elle ait voulu laisser à celle-ci le droit de mettre à couvert, à la faveur d'une stipula-

1. Cassation 5 mars 1845. D. p. 45, 1, 186.

tion conventionnelle une partie ou même la totalité de ses biens et de les affranchir de l'acquittement des condamnations pécuniaires qui ne sont, en quelque sorte, que l'accessoire de la condamnation principale.

On objecterait vainement que le législateur s'en est expliqué en ce qui touche le régime de communauté, et que, par suite, son silence est très-significatif en ce qui touche le régime dotal : il était en effet indispensable que le législateur désignât les biens sur lesquels les condamnations criminelles pourraient être poursuivies sous le régime de communauté à raison de l'indivision qui, sous ce régime, existe entre les époux : aussi est-ce là le seul point que le législateur y ait réglé.

Il serait absolument immoral que la femme qui, par un fait coupable, a causé à des tiers un préjudice dont ceux-ci n'avaient aucun moyen de se préserver, puisât dans le régime de dotalité la dispense de réparer ce préjudice. Un principe domine au reste dans le code civil, en matière de responsabilité: c'est celui de l'article 1382. Tout fait quelconque dont le résultat est un dommage causé à autrui oblige à réparer ce dommage celui par la faute duquel il a été commis. La femme dotale n'en est point affranchie, car, lorsque la loi soustrait à cette responsabilité certaines personnes, elle met cette responsabilité à la charge de certaines autres personnes sous la puissance et l'autorité desquelles celles-là sont placées : or ce n'est point ici le cas de la femme dotale. On ne trouve point, d'autre part, écrite dans le code l'exception que le législateur eût expressément apportée aux articles 52 et suivants du code pénal, s'il eût voulu déroger, en faveur de la femme dotale, aux dispositions de ces articles.

L'esprit de la loi vient confirmer cette interprétation. Le but que s'est proposé le législateur dans l'article 1554 n'est pas autre que celui-ci : protéger la femme dotale contre les influences qui pourraient agir sur son consentement dans les actes ou les faits de la vie civile ; mais on ne saurait prêter au législateur l'intention de concéder à la femme une sorte de privilége d'impunité, en lui offrant le moyen d'échapper, en ce qui concerne les réparations pécuniaires, à la responsabilité de ses méfaits personnels. La loi veille avec une égale sollicitude sur les intérêts et les droits de tous, sur ceux des tiers comme sur ceux de la femme, et cette sécurité que les tiers doivent trouver dans la disposition de la loi nous ramène toujours à la distinction qui doit être faite entre les actes contractuels et ceux qui ne le sont pas. Du principe de l'inaliénabilité de la dot, restreint aux actes conventionnels, ne peut résulter pour les tiers aucun préjudice dont ils soient fondés à se plaindre, car ils ont dû ne pas traiter avec la femme sans s'assurer de sa capacité, et ils trouvent à cet égard dans la loi du 10 juillet 1850 les plus sérieuses garanties. Mais si la femme devait voir sa dot mise à l'abri même des résultats dommageables de ses crimes ou de ses délits, et de l'exécution des réparations prononcées par la loi, toute la prudence des tiers serait en défaut, et leurs intérêts seraient sacrifiés sans cause légitime. C'est en vertu de ce principe qu'il a été jugé que l'on peut poursuivre sur la dot le paiement des dépens auxquels la femme a été condamnée par un jugement portant annulation d'actes frauduleux passés entre elle et son mari dans le but de grossir ses reprises dotales, et de lui en assurer le paiement au préjudice des créanciers de son mari [1].

II. Ce que nous avons dit des obligations résultant des crimes et délits de la femme doit aussi recevoir son application en cas de quasi-délits, car, dans ce dernier cas, comme dans les premiers, l'obligation est née indépendamment de la volonté de la femme. La jurisprudence ne fait, avec raison, aucune distinction entre ces diverses obligations. Etant donné, en effet, le principe que la femme est obligée de réparer le dommage qu'elle a causé à autrui, principe déposé dans l'article 1382, il suffit qu'il y ait eu, en dehors de tout contrat, dol ou imprudence de la part de la femme, alors même que le fait ne serait pas puni par le code pénal, pour que l'on puisse poursuivre la dot afin d'obtenir l'exécution de la condamnation prononcée. C'est la nature du fait qui est à considérer ici, et non la juridiction ou le mode de constatation.

C'est par application de ce principe qu'il a été jugé que la femme dont l'acquittement a été prononcé par la Cour d'assises est cependant tenue, sur sa dot, du paiement des dommages-intérêts auxquels la Cour l'a condamnée à titre de réparation du préjudice causé à la victime [1].

Il a été jugé de même que la femme commerçante qui, après s'être mariée sous le régime dotal, a continué son

1. Req. 23 juillet 1854. D. p. 1854, 5, 183.
2. Rejet 5 mars 1845. D. P. 45, 1, 186.

commerce, et a négligé de faire publier conformément à l'article 69 C. Com., son contrat de mariage, ne peut invoquer l'inaliénabilité des biens dotaux contre les créanciers qui, lorsqu'ils ont contracté avec elle, ignoraient qu'elle fût mariée sous le régime dotal : sa négligence constitue en effet à l'égard de ses créanciers un quasi-délit [1].

La femme encourt la même responsabilité lorsque, de concert avec son mari, elle commet des manœuvres frauduleuses ayant pour but de soustraire à un acquéreur ou à un prêteur de bonne foi, la connaissance du caractère de dotalité ataché aux biens qu'elle aliène ou qu'elle hypothèque. La question cependant est plus délicate dans ces deux dernières hypothèses, parce qu'il semble, au premier abord, que l'aliénation faite du bien dotal par la femme, ou l'hypothèque concédée sur ce bien, étant conventionnelle, et, par suite, nulle, aucune obligation ne puisse naître au préjudice de la femme ; mais il faut observer que ce n'est pas du contrat de vente ou du contrat d'hypothèque qu'est née l'obligation dont on pourra poursuivre le paiement sur la dot, mais bien du jugement qui a constaté un dommage causé par le quasi-délit de la femme, et qui en a ordonné la réparation [2].

On trouve cependant un arrêt de la chambre des requêtes, du 28 février 1834, jugeant que la femme qui dilapide frauduleusement une succession dans laquelle elle s'est immiscée, et qui augmente ainsi sa dot, n'est pas tenue

1. Reg. 24 décemb. 1860. D. p. 61, 1, 373.
2. Reg. 23 nov. 12 D. p. 52, 1, 264.

sur ses biens dotaux des dettes de la succession. Mais, dans cette espèce, l'attention de la Cour de Cassation paraît s'être exclusivement fixée sur le point de savoir si le quasi-contrat d'adition d'hérédité obligeait la dot, ce que la cour décida négativement. Il faut regretter que la Cour de Cassation n'ait pas pris garde que, la Cour d'appel ayant constaté en fait une dilapidation frauduleuse de la succession, commise par la femme qui avait augmenté ainsi ses biens dotaux, la femme devait être tenue à raison d'un quasi-délit.

Il n'est point douteux, au reste, qu'il puisse y avoir, suivant les cas, quelques difficultés pour le juge dans l'appréciation de la nature plus ou moins répréhensible du fait de la femme et du caractère du quasi-délit. Ainsi, faudra-t-il décider que les biens dotaux seront obligés lorsque les époux auront simulé une des exceptions apportées par la loi à la règle de l'inaliénabilité du bien dotal. Faisons un retour vers le passé et plaçons-nous à l'époque où la contrainte par corps en matière civile n'était pas abolie. Un prétendu créancier fait incarcérer le mari : on aliène le fond dotal pour tirer celui-ci de prison, et les époux reçoivent en mains propres le prix. Plus tard les héritiers de la femme demandent compte au prétendu créancier du prix payé entre ses mains, ou des dommages-intérêts, par ce motif que c'est au moyen d'une fiction frauduleusement concertée entre ce prétendu créancier et la femme, que le prix a été touché par celui-là. Devra-t-on admettre leur demande ? Nous répondrons affirmativement, n'admettant pas que l'on puisse, pour la négative, tirer argument de ce que les héritiers de la femme aient allégué ainsi « la propre turpitude de leur auteur », et que la femme se soit rendue coupable d'un quasi-délit, et considérant enfin qu'il ne s'agit dans notre hypothèse que d'une aliénation volontaire que la loi interdit, et qui par suite est nulle : peu importe que la femme y ait consenti directement ou par une simulation [1].

Une autre question à laquelle des solutions diverses ont été données est celle-ci : la femme est-elle tenue sur ses biens dotaux du dommage résultant de sa folle-enchère ? Quelques auteurs et quelques cours distinguent si la femme était de mauvaise foi ou de bonne foi : dans le premier cas la femme est, selon eux, tenue sur sa dot, à raison de sa fraude, tandis qu'elle ne l'est pas dans le second cas. Nous estimons au contraire qu'il n'y a point lieu de distinguer entre les deux cas, et que, dans l'une et l'autre hypothèse, la dot se trouverait tenue, par ce motif que c'est indépendamment de la volonté de la femme que serait née cette obligation. En effet ce n'est point l'aliénation directe ou indirecte des biens dotaux qui était le but de la femme alors qu'elle formait une enchère ; cette aliénation aura seulement été rendue nécessaire par suite du dommage que la femme a causé aux créanciers en diminuant par son imprudence le gage sur lequel ils pouvaient compter, et en les frustrant d'une somme dont le paiement leur était assuré

1. Cass. 4 août 1842. D. p. 1842, 1, 326.

par l'adjudicataire dont elle a pris la place. L'obligation de la femme est donc, à ce point de vue, née indépendamment de sa volonté, et la femme, ne pouvant dès lors arguer de son incapacité, demeure sous le coup de l'article 1383, lequel oblige quiconque a commis par sa faute ou son imprudence un préjudice à autrui à réparer ce dommage.

On objecte vainement que les obligations nées des imprudences commises par la femme, sans fraude ni intention de nuire, ne sauraient être exécutées sur la dot par ce motif que le législateur a eu précisément pour but de garantir la dot contre ces imprudences : cette affirmation repose sur un principe faux, car s'il est vrai que le législateur ait voulu protéger la femme contre son imprudence, il est également vrai que cette protection n'est accordée à la femme que lorsque elle seule peut souffrir de l'imprudence qu'elle a commise, et non lorsqu'il en résulte un préjudice pour un tiers.

D'autre part, les adversaires de l'opinion que nous défendons confondent, dans l'hypothèse d'une surenchère, deux choses distinctes : le fait de la femme de s'être rendue adjudicataire, et le paiement du préjudice causé. L'imprudence de la femme a consisté dans le premier de ces actes ; mais c'est dans le second que réside la cause de l'aliénation de la dot. L'obligation de la femme est, en réalité, née, non pas directement de sa volonté, mais de la loi qui l'impose à l'occasion d'un fait.

On retrouve bien, au reste, dans cette hypothèse le caractère du quasi-délit : un dommage causé par imprudence ;

et à moins d'admettre que la femme par ses quasi-délits n'oblige pas ses biens dotaux, il est impossible de ne pas admettre que la femme est responsable sur sa dot des suites de sa folle enchère.

III. Quant aux *quasi-contrats*, nous rejetons également l'opinion qui n'admet en aucun cas les créanciers de la femme dotale à poursuivre sur la dot le paiement des obligations nées d'un quasi-contrat, et le système qui admet cette poursuite dans toutes les hypothèses. Nous estimons qu'il faut résoudre la question par une distinction, et, comme conséquence du principe qui domine toute la matière, accorder aux créanciers, si l'obligation est née indépendamment de la volonté même de la femme, un droit de poursuite qu'on leur refusera au contraire si la volonté de la femme a créé l'obligation.

Examinons successivement les diverses hypothèses dans lesquelles il peut y avoir controverse à ce sujet.

1° Ainsi lorsque la femme a accepté une succession qui lui est échue, les créanciers du *de cujus* conservent le droit de poursuivre, sur la pleine propriété de tous les biens qui dépendent de cette succession, le paiement de leurs créances, quelles que soient les conventions nuptiales des époux : alors même que la femme se serait constitué en dot tous ses biens présents et à venir, les créanciers de la succession n'en exerceraient pas moins les droits que leur a conférés leur titre. Les conventions nuptiales n'ont pu en effet porter atteinte au droit de gage des créanciers du *de cujus* sur les biens héréditaires, et, d'autre part, il ne faut pas oublier le principe « *bona non dicuntur nisi deducto œre alieno* ».

Mais les créanciers de la succession n'auront pas le droit de poursuivre le paiement de leurs créances sur les biens dotaux qui n'étaient pas compris dans cette succession acceptée purement et simplement par la femme [1]. En acceptant purement et simplement la succession qui lui était échue, la femme, si elle n'eût pas été mariée sous le régime dotal, eût contracté à l'égard des créanciers du *de cujus* l'obligation de payer sur ses biens propres les dettes de la succession ; mais, mariée sous le régime dotal, la femme était incapable de contracter cette obligation.

La solution serait la même quel que fût l'émolument de la succession, et nous n'admettons pas la distinction que l'on a proposée, et qui consiste à accorder aux créanciers du *de cujus* le droit de poursuite sur tous les biens dotaux de la femme, dans le cas où la succession, notoirement solvable au moment où la femme l'a acceptée, aurait été reconnue insolvable par suite de la découverte postérieure de nouvelles dettes. « Dans ce dernier cas, a-t-on dit, la femme « n'a pas sciemment compromis sa dot ; donc elle doit « être obligée ». Mais cette distinction repose sur un raisonnement absolument faux : en effet, peu importe, au point de vue de la création des obligations, que l'actif de la succession soit plus ou moins réduit et le passif plus ou moins considérable ; l'incapacité de la femme n'a pas seulement pour résultat de rendre nul le quasi-contrat dont les conséquences deviendraient nécessairement funestes

1. D. p. 1852, 2, 86.

aux intérêts dotaux, mais encore elle vicie tout quasi-contrat dont il se peut que les conséquences soient telles. Pour apprécier si la femme a obligé ses biens dotaux, c'est au moment où l'obligation est née qu'il faut en examiner la valeur, et non pas à l'époque où le paiement en est réclamé.

Quant aux créanciers personnels de la femme, ils concourent avec les créanciers mêmes du *de cujus* afin d'obtenir le paiement sur les biens composant l'hérédité, à moins que les créanciers du *de cujus* n'aient demandé la séparation des patrimoines, ou ne puissent faire valoir un autre privilége ou une hypothèque qui leur donne un droit de préférence. D'autre part, les biens héréditaires demeureraient le gage exclusif des créanciers du *de cujus* si la femme s'était constitué en dot ses biens présents et à venir : dans ce cas en effet les créanciers personnels de la femme n'auraient point action sur les biens recueillis par elle dans la succession.

Mais il se peut qu'une succession échéant à la femme, il se présente telle hypothèse où la femme joue deux rôles : celui d'héritière, et celui de débitrice vis-à-vis de ses cohéritiers, et où quelques difficultés naissent de cette réunion chez la femme de ces deux qualités, lorsqu'il y a eu constitution en dot des biens présents et à venir. Ainsi lorsque la femme a reçu de son père une somme d'argent à titre de prêt, et qu'elle est ensuite appelée à recueillir une quote-part de la succession de ce dernier, doit-elle rapporter la somme qu'elle avait reçue ? Nous répondrons affirmativement par ce motif que la femme, avant d'être femme dotale, est héritière, et que le principe de l'égalité du partage la soumet aux mêmes obligations que ses cohéritiers; elle recevra donc, si elle n'opère pas le rapport, une part héréditaire diminuée de la somme dont le *de cujus* était créancier.

Il en serait de même dans le cas où, la femme ayant contracté un emprunt solidairement avec son mari, et le père ayant remboursé l'emprunteur, la femme viendrait ensuite à la succession de son père. La femme objecterait en vain que, sa dot n'étant pas tenue de la dette, elle n'a pas été enrichie par le paiement que son père en a opéré, tandis qu'au contraire l'obligation de rapporter l'appauvrirait. Nous répondrons que cette imputation n'amoindrit pas la dot, mais qu'elle la prive seulement d'une occasion de s'enrichir : ce n'est pas à la dot, c'est à la fille héritière que l'imputation est demandée à juste titre, car, dans l'espèce, il n'y a de dotaux que les biens que la fille recueille dans la succession lorsque le passif en a été déduit.

II. Nous considérons encore que l'acceptation par la femme d'une tutelle qu'elle peut refuser ne constitue pas un acte dont les conséquences puissent être d'obliger les biens dotaux. En effet cette acceptation étant volontaire, l'incapacité de la femme s'oppose ici à ce qu'elle compromette sa dot.

Il en serait de même de la gestion d'affaires entreprise par la femme; la dot ne serait pas obligée.

Mais s'il s'agit d'une gestion d'affaire entreprise par un tiers dans l'intérêt de la femme, la dot sera tenue *quantum locupletior facta fuerit* : il y a là en effet, pour la femme, une obligation qui est indépendante de sa volonté et que ne vicie pas l'incapacité de la femme.

III. Il faut décider, d'autre part, que la dot sera toujours tenue de l'*action de in rem verso* : ainsi lorsque le mari, ayant élevé des constructions sur un immeuble dotal, aura ainsi créé une plus-value, il pourra prendre inscription sur cet immeuble (privilége du constructeur) jusqu'à concurrence de la plus-value, et ce serait vainement que la femme, si elle reconnaissait la dette, opposerait au mari que les constructions incorporées à l'immeuble dotal ont revêtu le caractère de dotalité, et prétendrait que, par suite, ces constructions seraient insaisissables pour le paiement de cette dette. L'objection serait sans portée, car la dot, qui s'est enrichie, est tenue. L'inaliénabilité a pour but d'empêcher que la dot ne soit diminuée, mais non de permettre à la femme de s'enrichir aux dépens d'autrui.

On ne saurait tirer, contre notre proposition, un argument de ce que la femme ne pourrait obtenir de la justice l'autorisation d'aliéner ou d'hypothéquer les biens dotaux pour employer le prix, ou la somme prêtée, à des améliorations. Cet argument qui consiste à dire que ce qui est inaliénable est également insaisissable est erroné : c'est ainsi, par exemple, que la femme qui a commis un délit ou un quasi-délit en est responsable sur tous ses biens, et que sa dot peut être saisie pour la réparation des conséquences de ces actes, tandis que personne ne prétendrait que la femme pût aliéner volontairement sa dot à cet effet.

Il serait au reste dangereux que la femme, après avoir obtenu l'autorisation de justice, eût la faculté d'aliéner une partie de sa dot pour en employer le prix à des améliorations du fonds dotal, car, dans ce cas, elle serait obligée de supporter toute la dépense, quelque supérieure que fût cette dépense à la plus-value acquise par l'immeuble ; tandis que la règle en vertu de laquelle la dot, alors que les dépenses auront été faites, ne sera tenue que *quantum locupletior facta fuerit*, ne pourra entraîner l'appauvrissement de la dot. C'est ainsi qu'il a été jugé que le mari peut opérer une compensation entre le prix d'un immeuble qu'il pouvait vendre à charge de remploi, et la plus-value qu'il a conférée par des constructions aux biens dotaux, cette plus-value constituant pour la femme un remploi immobilier [1].

De même encore si la femme a reçu le paiement d'une chose non due, elle sera obligée, sur sa dot, de payer ce qu'elle aura indûment perçu, qu'elle ait été de bonne ou de mauvaise foi : car, dans le premier cas, elle sera tenue indépendamment de sa volonté, et, dans le second cas, elle sera tenue en vertu d'un quasi-délit.

IV. D'autre part, la femme sera-t-elle tenue sur sa dot des condamnations prononcées contre elle dans les procès qu'elle aura soutenus ? Il faut distinguer la créance de l'avoué ou de tout autre mandataire de la femme, et celle de la partie qui a gagné contre celle-ci les dépens. Nous n'accorderons à l'avoué une action sur les biens dotaux, pour

1. V. M. Berthauld, question sur le Code Napoléon p. 505. Contra Sirrey, 1861, 1, 9. Idem 1862, 2, 171.

le recouvrement des honoraires qui lui sont dus et des avances qu'il aura faites, qu'autant que le procès fait et gagné aura eu pour résultat l'augmentation ou la conservation du bien dotal. Dans ce cas en effet il serait équitable et logique d'accorder à l'avoué une action *de in rem verso.*

Si au contraire l'issue du procès n'avait pas été favorable aux intérêts dotaux, l'avoué ne pourrait pas poursuivre la dot : il aurait à se reprocher de n'avoir pas exigé de la femme une provision [1]. Quant à distinguer si le procès a été soutenu ou non « par malice ou esprit de chicane », ainsi que le proposent quelques auteurs qui, dans la première hypothèse, refusent à l'avoué et à l'avocat le droit de poursuivre le paiement de leurs honoraires, nous pensons qu'il faudrait s'y refuser, estimant que ce serait s'exposer à punir parfois le mandataire de la faute du mandant.

Quant aux condamnations prononcées au profit de la partie adverse dans un procès où la femme devait nécessairement figurer en son propre nom, nous considérons que le créancier aurait le droit d'en poursuivre le paiement sur les biens dotaux. Disons en passant que le paiement des frais faits dans une instance relative aux biens paraphernaux ne pourrait pas être poursuivi sur les *biens dotaux pendant le mariage*, même sous la condition de réserver au mari l'usufruit de la somme dont la dot serait alors diminuée, par ce motif que ce n'est pas seulement l'usufruit des biens dotaux qu'il importe aux époux de conserver pendant la

1. D. p. 1865, 1, 218.

durée du mariage, mais encore la pleine propriété des biens dont l'aliénation peut devenir indispensable pour remplir le but dans lequel ces biens ont été constitués en dot.

Dans les différents cas où nous avons reconnu que les biens dotaux pourront être poursuivis à raison d'un crime, d'un délit, d'un quasi-délit ou d'un quasi-contrat de la femme, l'usufruit du mari, portant sur les biens dotaux dont le créancier poursuit l'aliénation, devra toujours être réservé, à moins que le mari n'ait été complice du fait imputé à la femme, ou coupable de connivence, ou qu'il n'ait été solidairement condamné avec elle au paiement des dommages-intérêts [1]. L'article 1474 nous paraît trancher la question par analogie, en décidant que « les amendes en« courues par la femme ne peuvent s'exécuter que sur la « propriété de ses biens personnels tant que dure la com« munauté. »

La même distinction était, au reste, consacrée par le droit Romain [2] et l'ancien droit écrit. Dans notre droit écrit, on appliquait même cette solution au cas d'un méfait antérieur au mariage, mais ensuite duquel la femme n'avait été condamnée qu'après le mariage : on basait cette solution sur ce motif que l'obligation, quoique née *ex delicto*, n'a d'effet que *ex officio judicis*. En Normandie on se montrait plus sévère et, sans égard pour le mari, on faisait exécuter la condamnation, pour *méfaits*, sur la pleine propriété des

1. Riom, 11 février 1845.
2 L. 3 C. Ne uxor pro marito.

biens dotaux, dans le cas même où le mari n'était pas coupable de la faute la plus légère[1].

Quant aux dépens, il faut distinguer, en ce qui touche le droit de poursuite du créancier sur les revenus de la dot, si le mari a autorisé ou non la femme. S'il s'agit de biens dotaux, le concours du mari à l'instance rend la condamnation exécutoire sur la pleine propriété de ces biens ; le mari est partie intéressée à raison de son droit aux fruits[2]. Si le mari a refusé à la femme l'autorisation de plaider, les fruits de la dot ne seront pas saisissables ; lorsque c'est en vertu de l'autorisation de la justice que la femme a plaidé, le mari ne peut être privé des fruits, car il n'est pas responsable d'un fait auquel il est resté étranger, et auquel il s'est même opposé dans les limites de son pouvoir. C'est ainsi que sous le régime de communauté les procès engagés par la femme, malgré le refus du mari et sur la seule autorisation de la justice, n'engagent pas les biens de la communauté, mais seulement la nue propriété des propres de la femme.

S'il s'agit de biens paraphernaux, la question ne peut pas se poser quant aux revenus de la dot, puisque nous refusons, ainsi qu'il a été dit plus haut, toute action aux créanciers sur la nue propriété même de la dot pendant le mariage.

V. Enfin la loi elle-même impose à la femme certaines obligations : telle est, dans certains cas, l'obligation de gérer

1 Basnage, art. 541 de la Coutume de Normandie.

2. Bordeaux, 12 février 1830

une tutelle. Le défaut de gestion de même que la mauvaise gestion la rendrait responsable, ainsi que son mari qui doit toujours être co tuteur avec elle (art. 396. C. C.), et les créanciers pourraient poursuivre la pleine propriété des biens dotaux. Telles seraient encore les obligations alimentaires dont la femme pourrait être tenue aux termes des articles 205 et 206 C. C. Ce sont là des charges du mariage qui grèvent la dot.

D'autre part on devrait accorder à l'enfant que la femme aurait eu d'un premier lit, de même qu'à l'enfant naturel qu'elle aurait reconnu avant le mariage, le droit d'exiger sur la dot la somme nécessaire à son entretien et à son éducation. C'est de la paternité et de la maternité que naît pour les père et mère l'obligation de fournir des aliments aux enfants : c'est donc du jour où ce rapport s'est établi qu'existe, en principe, cette obligation. Il ne faudrait donc pas exiger, pour que l'enfant pût poursuivre les biens dotaux, que la demande de pension alimentaire eût été formée avant le mariage, et que la somme en eût été fixée à cette époque.

Il en serait de même des aliments réclamés par les père et mère de la femme. La dette alimentaire est en effet une obligation éventuelle, et les obligations de cette nature remontent, quant à la capacité des parties, et quant aux conséquences que cette capacité doit avoir en ce qui touche les biens du débiteur, au jour où elles ont été contractées [1].

1, Contra : Sirrey, 1864, 2, 139. V. Sirrey 1867, 1, 256 — 1864, 2, 139.

Mais tandis que nous considérons que cette créance alimentaire de l'enfant né d'une précédente union pourrait être poursuivie sur la pleine propriété de la dot, nous n'accorderions à l'enfant naturel reconnu avant le mariage que le droit de poursuivre la nue propriété, à moins qu'il ne fût prouvé que le mari connaissait, à l'époque où le mariage a été célébré, l'existence de l'enfant.

CHAPITRE IV

DE L'INFLUENCE DE LA SÉPARATION DE BIENS SUR LES DROITS DES CRÉANCIERS.

La séparation de biens ne modifie pas le principe de l'inaliénabilité de la dot, quant aux aliénations et aux obligations qui excèdent les actes d'administration. Il n'y a point à distinguer, quant à ces aliénations et quant à ces obligations, entre les créanciers antérieurs et les créanciers postérieurs à la séparation de biens ; ni les uns ni les autres ne peuvent saisir les biens dotaux ; la femme est demeurée incapable. Aussi devra-t-on lui refuser le droit de ratifier, après la séparation de biens, les obligations consenties par elle avant cette séparation. Elle ne saurait puiser dans la séparation de biens la capacité nécessaire pour ratifier les obligations qu'elle était incapable de consentir antérieurement : après comme avant la séparation de biens, il faut redouter pour elle l'influence du mari. Lui accorder cette faculté serait au reste dépasser le but de la séparation de biens, qui n'est autre que de rendre à la femme l'exercice des droits que le contrat de mariage conférait sur sa dot au mari. Il faudrait, d'autre part, dans le cas où la femme se serait constituée en dot ses biens présents et à venir, refuser aux créanciers le droit de saisir les biens qu'elle viendrait à acquérir, après la séparation de biens, à titre gratuit, soit par donation soit par succession : la séparation de biens, en effet, n'empêche pas que les biens acquis postérieurement revêtent le caractère dotal.

Mais faudrait-il autoriser l'action des créanciers sur les biens que le mari a cédés à la femme en paiement de ses reprises dotales ? Nous estimons qu'on ne pourrait pas leur refuser ce droit, soit qu'il s'agît d'un immeuble livré à la femme en remploi d'un immeuble dotal aliéné par les époux dans une hypothèse où cette aliénation était autorisée, soit qu'il s'agît d'immeubles livrés à la femme à titre de paiement de la dot constituée en argent. Mais les créanciers ne pourraient poursuivre sur ces immeubles l'exécution des obligations contractées par la femme que sous la condition de réserver à celle-ci les sommes dotales que ces immeubles représentaient : c'est donc seulement sur la plus-value que les créanciers pourraient poursuivre le paiement.

Nous refuserions aussi aux créanciers même postérieurs à la séparation de biens le droit de saisir la dot mobilière. Nous avons, au chapitre I de cette étude, reconnu que le principe de l'inaliénabilité s'étend aux meubles comme aux immeubles dotaux, et nous estimons que la séparation de biens n'apporte point une exception à cette règle. On objecte, il est vrai, que l'art. 1449 C. C. permet à la femme séparée de biens de disposer de son mobilier, et on ne peut combattre cet argument en affirmant, ainsi que quelques arrêts l'objectent [1], que cet article est uniquement relatif à la séparation de biens prononcée entre deux époux mariés

1. Bordeaux, D. p. 1866, 2, 88.

sous le régime de la communauté ; mais il faut reconnaître que si l'art. 1563 renvoie, pour tout ce qui concerne la séparation de biens prononcée entre deux époux mariés sous le régime dotal, aux art. 1443 et suivants, on doit considérer que le législateur n'a pu viser, dans ce renvoi, que celles des dispositions des art. 1443 et suivants qui ne seraient pas contraires aux principes mêmes du régime dotal. Or, ainsi que nous l'avons exposé dans un chapitre précédent, nous considérons qu'il faut, lorsque l'on recherche quels sont les droits des créanciers de la femme, assimiler d'une façon absolue, sous ce régime, les meubles aux immeubles.

Les biens dotaux ne pouvant dès lors être poursuivis par les créanciers, la question se pose au sujet des revenus de la dot. Les créanciers de la femme peuvent-ils, après la séparation de biens, saisir ces revenus? Divers systèmes ont été proposés. Dans un premier système on soutient que les revenus des biens dotaux sont aliénables et saisissables d'une façon absolue, parce que, dit-on, la règle de l'inaliénabilité ne protége que le fonds; par suite on décide que les revenus peuvent être saisis en totalité par les créanciers du *mari* avant la séparation de biens, et que, lorsqu'après la séparation de biens la dot a été restituée à la femme, les créanciers de celle-ci ont la faculté de saisir la totalité des revenus, sans qu'il y ait à distinguer entre les créanciers antérieurs et les créanciers postérieurs à la séparation.

Cette opinion ne nous paraît pas admissible ; elle ne conduit à rien de moins qu'à supprimer en partie l'inaliénabilité des biens dotaux. En effet si la jouissance de la dot était valablement aliénée pendant toute la durée de l'union conjugale (telle serait la conséquence des obligations en vertu desquelles les créanciers pourraient, sans distinction, saisir les revenus), cette aliénation des fruits conduirait nécessairement à celle de la dot même, puisque la famille, dénuée de ressources, pourrait demander à la justice, et devrait obtenir, l'autorisation d'aliéner une partie des biens dotaux afin de se procurer des aliments.

Sans doute, il faut reconnaître que la destination même des revenus est d'être aliénés; mais dans quel but ? Pour les besoins du ménage ; et il ne s'en suit pas que les engagements du mari, ni ceux de la femme, s'ils sont contractés en dehors de ces besoins, puissent, les uns avant la séparation, les autres après, frapper la dot de stérilité, en en faisant passer les revenus aux créanciers par voie de saisie. Il est vrai que, lorsque les revenus ont été perçus soit par le mari, avant la séparation, soit par la femme après, on ne peut assurer à ces produits de la dot leur destination, parce que le mari et la femme en ont la disposition. Mais lorsqu'il existe des revenus non encore touchés, sur lesquels les créanciers prétendent exercer un droit de saisie, il serait inexact de dire que ces revenus soient aliénables et saisissables en totalité et sans distinction.

Dans un second système on décide que les créanciers envers lesquels la femme s'est obligée avant la séparation de biens, ne peuvent saisir, soit avant soit après la séparation, les revenus de la *dot* pour aucune portion, mais que les créanciers qui ont contracté avec la femme depuis qu'elle a repris la jouissance de sa dot, pourront saisir, quelle que soit la cause de l'obligation, l'excédant des revenus, déduction faite des sommes que réclament les besoins du ménage.

Nous rejetons cette théorie à laquelle une base solide fait défaut; les partisans de ce système ne veulent point admettre les conséquences logiques de leur raisonnement qui les conduirait à autoriser l'action des créanciers, sans distinguer si leur titre est antérieur ou postérieur à la séparation de biens. Soutenir en effet que les créanciers postérieurs à la séparation de biens peuvent, dans tous les cas, saisir les fruits de la dot, sauf ce qui est nécessaire aux besoins du ménage, c'est admettre que la femme séparée a pu valablement s'obliger dans tous les cas envers eux relativement à sa dot. Or si cela était vrai de la femme séparée, cela serait également vrai de la femme avant la séparation de biens, car cette séparation n'ajoute point à sa capacité en ce qui concerne l'aliénation des biens dotaux. Par suite son obligation pourrait être exécutée sur tous ses biens présents disponibles entre ses mains, et ses créanciers acquerraient dès ce moment une action qu'ils pourraient, dans l'avenir, exercer sur les biens qui viendraient aux mains de leur débitrice, et y demeureraient disponibles. Or le superflu des revenus dotaux échus depuis la séparation est pleinement disponible : pourquoi, si l'on admettait le principe posé par les auteurs dont nous combattons la théorie, n'accorderait-on pas aux créanciers le droit de poursuivre sur ce superflu l'exécution des obligations antérieures, de même que celle des obligations postérieures à la séparation ? Les conséquences logiques du principe sur lequel repose ce système ne permettraient pas de distinguer entre les créances antérieures et les créances postérieures à la séparation de biens : si en effet la femme est capable d'obliger sa dot, l'excédant des revenus, sur lequel un droit de saisie appartiendrait aux créanciers postérieurs, pourrait être saisi de même aussi par les créanciers antérieurs : quiconque en effet s'oblige valablement oblige tous ses biens présents et à venir.

Si on considère que la femme était capable de s'obliger, sauf aux créanciers à suspendre leurs poursuites sur les biens indisponibles, la logique exige que l'on ne fasse aucune distinction entre les créanciers antérieurs et les créanciers postérieurs à la séparation de biens, et on doit accorder aux premiers comme aux seconds l'exécution que la séparation de biens a rendue possible en ce qui touche l'excédant des revenus.

Mais tel n'est pas l'esprit de la loi ; la dot n'est point indisponible, c'est la femme qui est incapable d'en disposer. Aussi nous estimons qu'il faut, pour déterminer les droits des créanciers de la femme sur les revenus de la dot, distinguer à quel titre et dans quel but la femme s'est obligée.

La femme a-t-elle contracté une obligation dont la cause ou le but n'était pas l'administration de ses biens ? Le créancier ne pourra, soit que l'obligation soit antérieure à la séparation de biens, soit qu'elle soit postérieure, poursuivre les revenus de la dot : après comme avant la séparation la femme est incapable de contracter une obligation qui excède les bornes de l'administration.

Mais si la créance est née d'un acte d'administration, il faut distinguer si cet acte est antérieur, ou s'il est potérieur à la séparation de biens : dans le premier cas, la femme n'a pu s'obliger valablement, par ce motif que c'est au mari que l'administration des biens dotaux était confiée : cependant il faudrait accorder une action aux créanciers s'il était constaté que la femme se fût obligée dans les limites des besoins du ménage, et comme mandataire du mari. Si au contraire l'obligation que la femme a contractée dans les limites des actes d'administration est postérieure à la séparation, il faut admettre que le créancier pourra poursuivre les revenus de la dot. La femme recouvrant par l'effet de la séparation de biens l'administration de la dot, on ne saurait, sous peine de rendre inefficaces les droits qu'on lui restitue, lui refuser la capacité nécessaire pour contracter, dans les limites de cette administration, des obligations dont ses créanciers pourront poursuivre l'exécution sur les revenus de la dot. Il faut donc décider que ces obligations, alors qu'elles se rattachent soit directement soit indirectement à la gestion des biens dotaux, peuvent être exécutées sur les fruits, revenus et intérêts de ces biens, par ce motif que de telles obligations rentrent dans les pouvoirs que la femme a reçus par la séparation de biens, et ne sont, en quelque sorte, que la conséquence de la nature et de la destination des biens dont l'administration lui a été rendue.

Quant aux obligations que la femme contracterait pour une cause étrangère à l'administration, on ne pourrait en permettre l'exécution sur les fruits et revenus de la dot. Mais nous estimons qu'il suffirait, pour que le droit de saisie appartînt au créancier, qu'il fût prouvé que l'obligation avait été contractée dans les limites de la gestion, sans qu'il fût nécessaire de rechercher si la femme avait fait acte de *bonne* ou de *mauvaise* administration. En effet si on faisait dépendre le sort des obligations contractées par la femme séparée de biens du seul fait de la *bonne* ou *mauvaise* administration, on subordonnerait ainsi la condition des créanciers à toutes les surprises que leur débitrice pourrait employer, d'où pourraient naître autant de procès qu'il y aurait d'obligations contractées par la femme après la séparation de biens [1].

Mais quelle sera l'étendue du droit de saisie que nous avons accordé, en ce qui touche les revenus, aux créanciers de la femme, soit à raison des obligations que celle-ci a contractées avant la séparation de biens, dans les limites des besoins du ménage et comme mandataire du mari, soit à raison des obligations qu'elle a contractées après la séparation de biens, dans les limites de l'administration de sa dot ? Les créanciers pourront-ils *appréhender* la totalité des revenus ? Nous ne le pensons pas. La destination de la dot apportée au mari est en effet de supporter les charges du ménage (article 1540), et loin d'être modifiée par la sépara-

1. C. de Poitiers 1840, 2, 141. D. p. 1847, 1, 174.

tion de biens, cette destination demeure au contraire obligatoire pour la femme (art. 1548).

C'est aux deux époux que le législateur a imposé le devoir de nourrir, entretenir et élever leurs enfants, obligation d'un caractère tellement absolu, qu'elle donne naissance à l'une des exceptions que souffre le principe de l'inaliénabilité de la dot.

La femme ne reprend, par l'effet de la séparation de biens, la jouissance et l'administration de ses biens dotaux que sous la condition de supporter une partie des charges de la vie commune. La séparation de biens n'étant, le plus souvent, prononcée que parce qu'il est nécessaire de rendre aux revenus de la dot leur destination première dont le mari les a détournés au préjudice de la femme et des enfants, ce serait tomber dans l'inconvénient que l'on s'est proposé d'éviter que d'attribuer à la femme séparée le pouvoir d'obliger d'une façon absolue et sans réserves les revenus des biens dotaux.

Aussi interdirons-nous à la femme le contrat d'antichrèse. L'antichrèse en effet (peu importe à ce point de vue, le caractère qu'on lui attribue ; peu importe, que l'on considère ce contrat comme faisant naître, au profit du créancier, un droit dont celui-ci puisse se prévaloir contre les tiers, ou comme donnant naissance à un droit exclusivement personnel) excède les limites d'une simple administration, et ne peut, par suite, être consentie par les personnes qui n'ont que le droit d'administrer. D'autre part la femme, après, de même qu'avant la séparation de biens, ne peut pas aliéner au profit d'un créancier le droit de percevoir par elle-même les revenus des biens dotaux. Il est nécessaire avant toutes choses d'assurer la restitution de la dot, et il faut que les époux soient les premiers nantis. Les besoins du ménage, au reste, sont variables, ils peuvent subir une progression, et on ne saurait les déterminer à l'avance d'une façon certaine. Ce n'est que par voie d'action que les créanciers de la femme pourront exercer sur les revenus de la dot les droits qui leur appartiennent suivant les distinctions que nous avons indiquées.

CHAPITRE V.

DES BIENS PARAPHERNAUX.

Le patrimoine de la femme mariée sous le régime dotal peut, ainsi que nous l'avons dit au début de cette étude, comprendre, outre les biens dotaux, des biens dont la pleine propriété demeure aux mains de la femme ; ces biens reçoivent le nom de paraphernaux. Après avoir déterminé quelles sont, en ce qui concerne les biens dotaux, les conséquences de l'incapacité à laquelle s'est soumise la femme qui a choisi le régime dotal, nous devons rechercher quels seront, pendant le mariage, les droits de ses créanciers en ce qui touche les biens paraphernaux, et quelles seront les obligations dont ils pourront poursuivre l'exécution sur ces biens.

Or la femme mariée sous le régime dotal recouvre, en principe, lorsqu'elle contracte une obligation sur ses biens paraphernaux, la capacité dont elle est privée lorsqu'elle s'oblige sur sa dot ; on devra donc, en principe, accorder à ses créanciers le droit de faire exécuter sur les paraphernaux les obligations qu'elle aura, autorisée par le mari ou par la justice, consenties soit spécialement sur ses paraphernaux, soit d'une façon générale et sans désignation des biens qui seraient affectés au paiement.

Telle est la règle générale ; mais à cette règle un tempérament doit être apporté : l'incapacité qui frappe la femme en ce qui touche ses biens dotaux, et qui rend nulle la vente qu'elle consent du bien dotal, vicie, même en ce qui concerne les biens paraphernaux, les obligations qui résulteraient, pour la femme, d'un acte ayant directement pour but l'aliénation de la dot. Cette exception à la règle générale de la capacité que recouvre la femme lorsqu'il s'agit de ses paraphernaux, est, en général, admise par la doctrine et la jurisprudence ; mais, étant concédé le principe de l'exception, des divergences se sont produites dans l'une et l'autre en ce qui touche l'extension plus ou moins grande que cette exception doit recevoir.

Quant à nous, nous considérons tout d'abord que l'obligation de délivrance et de garantie qu'impose à la femme, de même qu'à tout vendeur, la vente qu'elle a consentie de l'immeuble dotal, est frappée de nullité. L'aliénation étant nulle, les obligations qui en dériveraient à la charge de la femme, si la vente était valable, sont elles-mêmes annulées ; la femme à qui appartient le droit d'invoquer cette nullité ne sera donc pas tenue de la garantie, même sur ses paraphernaux.

C'est ce qui a été décidé par plusieurs arrêts, et ce qu'ont admis plusieurs auteurs, mais en donnant à cette décision ce motif que l'on ne saurait voir dans la simple adhésion donnée par la femme, à la vente faite par le mari, autre chose qu'un acte de déférence de sa part vis-à-vis du mari, et non le principe d'une obligation personnelle. Nous estimons, au contraire, que cette considération doit demeurer absolument étrangère à la solution de la question qui nous occupe, et nous refuserions aux créanciers le droit de poursuivre sur les paraphernaux l'exécution de l'obligation que la femme aurait consentie en promettant à l'acquéreur du bien dotal, par une clause expresse de la vente, la garantie de cette aliénation sur les biens paraphernaux.

On objecte vainement que toute promesse non contraire aux bonnes mœurs et à l'ordre public doit être tenue ; que la femme, frappée de l'incapacité d'obliger ses biens dotaux, doit être considérée comme pleinement capable dès que l'on n'examine les effets de son obligation qu'en ce qui concerne ses biens paraphernaux, et qu'annuler l'effet de l'obligation de garantie quant à ces derniers biens, c'est faire profiter une partie de son patrimoine d'un privilége exorbitant que l'on détourne ainsi de son but, et déclarer absolument incapable la femme mariée sous le régime dotal. Quant à nous, nous considérons qu'autoriser sur les paraphernaux l'action du créancier qui prétend puiser son droit dans l'aliénation que lui ont consentie du fonds dotal les époux, ce serait admettre que la femme est capable d'aliéner indirectement ses biens dotaux, qu'elle est capable de s'obliger relativement à ces biens, sauf aux créanciers à ne pouvoir pas les saisir : or nous avons dû reconnaître que lorsque l'obligation de la femme porte sur sa dot, c'est l'obligation même qui est nulle.

Sans doute, la femme qui contracte relativement à ses paraphernaux est pleinement capable. Mais lorsqu'elle aliène un immeuble dotal ou lorsqu'elle l'hypothèque pour la garantie d'un emprunt, elle fait un acte dont elle est incapable, et qui, par suite, ne peut produire aucune obligation même quant aux biens dont la femme a le droit de disposer. Telle était aussi, en droit Romain, la solution donnée (Novelle 61. Justinien). On distinguait, à ce sujet, entre les obligations de la femme et celles du mari lorsque le fonds dotal avait été aliéné : le mari était tenu sur ses propres de l'exécution de la promesse qu'il avait faite ; quant à la femme, elle était affranchie de toute responsabilité : « *etsi consentiat mulier, sit omnino indemnis* ». Si l'acquéreur avait le droit de poursuivre les paraphernaux, il y aurait dans l'aliénation quelque chose de valable en ce qui concerne la femme ; or, quant à la femme, la loi déclare nulle et sans effet l'aliénation du bien dotal. En effet, en soumettant d'une part au paiement de dommages-intérêts envers l'acquéreur le mari qui provoque la révocation de la vente des biens dont il n'a pas fait connaître la dotalité (art. 1560), tandis que d'autre part, en donnant à la femme droit de provoquer la même révocation, il ne la soumet à aucun recours d'action, le législateur a fait connaître que la femme serait, dans cette hypothèse, affranchie de toute responsabilité. Ne devrait-on pas, au reste, craindre, si l'on admettait ce recours, que la femme ne fût amenée, par la crainte d'être poursuivie sur ses paraphernaux, à laisser subsister l'aliénation qu'elle aurait faite du bien dotal ?

Soit que le créancier invoque la garantie légale, soit qu'il invoque une clause expresse de garantie obligeant les paraphernaux, ses prétentions doivent être rejetées.

La garantie conventionnelle ne saurait produire plus d'effets que la garantie légale, car le défaut de l'une et de l'autre ne provient pas d'un vice intrinsèque, mais de celui de l'acte qu'elles seraient destinées à faire valoir. Le système contraire aurait pour résultat de donner aux acquéreurs du bien dotal le moyen d'obliger la femme à renoncer à l'action révocatoire en la menaçant d'exercer leur recours sur les biens paraphernaux.

La jurisprudence de la cour de cassation paraît cependant incliner vers le système que nous combattons, et un grand nombre d'auteurs expriment aussi cet avis que la clause formelle de garantie obligerait les paraphernaux. Il résulte de l'ensemble de la jurisprudence [1] de la Cour suprême que toute promesse de garantie faite à l'acquéreur doit être indistinctement maintenue, soit qu'elle émane du mari ou d'un tiers, soit qu'elle ait été consentie par la femme. Mais toutes ces décisions reposent sur un principe faux : l'idée qui les domine, en effet, c'est la capacité de la femme qui aliène la dot, et l'indisponibilité de la dot même.

Nous considérons donc que la femme qui a aliéné sa dot n'est tenue, même sur ses paraphernaux, d'aucun dommages-intérêts envers l'acquéreur. Toutefois nous accorderons à ce dernier le droit d'exiger la restitution du prix, et d'en poursuivre le paiement sur les biens paraphernaux, dans le seul cas où il apportera la preuve que ce prix a tourné au profit de la femme.

Mais, disons-le en passant, nous ne lui permettrions

1. D. p. 1851, 1, 193.

pas d'exercer sur l'immeuble dotal le droit de rétention jusqu'au remboursement du prix précédemment versé par lui entre les mains des époux, ni de la plus-value qu'auraient donnée à l'immeuble les impenses et les améliorations qu'il y aurait faites, de même que nous lui refuserions le droit d'en poursuivre le remboursement sur les biens paraphernaux, à moins qu'il n'apportât la preuve que la femme en eût profité ; dans ce dernier cas, nous accorderions à l'acquéreur évincé *l'action de in rem verso sur les paraphernaux.*

Terminons en faisant observer, d'une part, que l'obligation contractée par la femme pourrait être poursuivie sur les paraphernaux alors même que celle-ci n'eût pas été autorisée par le mari ou par la justice, mais sous la condition qu'elle n'eût pas dépassé ainsi les limites des pouvoirs de pure administration. Et d'autre part, que les créanciers pourraient poursuivre sur les paraphernaux *toute obligation née d'un délit*, d'un *quasi-délit*, *ou* d'un *quasi-contrat* de la femme.

CHAPITRE VI.

DE L'INFLUENCE DE LA DISSOLUTION DU MARIAGE SUR LES DROITS DES CRÉANCIERS.

La dissolution du mariage met fin à la dotalité, et, lorsqu'elle se produit par le prédécès du mari, elle rend à la femme la capacité que tout propriétaire possède de droit commun ; la femme sera désormais capable d'aliéner ses biens et de contracter des obligations dont l'exécution pourra être poursuivie par les créanciers sur tous les biens compris dans le patrimoine de leur débitrice, sans distinguer entre les biens qui ont une origine dotale, et ceux qui ont une origine paraphernale, et quels que soient la cause et le but de l'obligation. Mais cette capacité que la femme recouvre ne saurait produire des effets rétroactifs, et faire disparaître le *vice* inhérent à l'obligation contractée pendant le mariage. La cessation du régime dotal, en mettant fin à l'incapacité de l'épouse, permettra à la femme de s'obliger pour l'avenir.

Les créanciers porteurs d'un titre *antérieur* au mariage dont l'action avait été entravée pendant le mariage parce que leur titre n'avait pas date certaine, auront aussi le droit de poursuite après la dissolution.

On a prétendu, cependant, que l'on doit, après la dissolution du mariage, accorder aux créanciers vis-à-vis desquels la femme mariée sous le régime dotal s'était obligée pendant le mariage, des droits qu'on leur refusait à juste titre avant la dissolution. Telle était, dans l'ancien *droit*, l'opinion du président Favre, de Despeisses, et de Guy Rousseau de Lacombe [1]. Ce système a trouvé parmi les commentateurs du Code Civil quelques rares partisans; c'est la doctrine de l'indisponibilité pure et simple des biens dotaux, que nous avons combattue dans les premières page de cette étude : elle ne conduit à rien de moins qu'à rendre vaines toutes les précautions prises par la loi pour assurer la conservation de la dot. Nous ajouterons qu'en ce qui touche principalement la difficulté dont nous recherchons ici la solution, le texte même de la solution de la loi nous fournit un argument. En effet l'article 1560 C. C. donne à la femme le droit de faire révoquer, après la dissolution du mariage, l'aliénation du bien dotal qu'elle a consentie pendant le mariage : or, comment la femme pourrait-elle demander que l'on prononçât la nullité de l'aliénation, si elle devait être tenue d'en subir les effets vis-à-vis de l'acquéreur évincé? Quiconque est soumis à l'obligation de garantie ne peut prétendre au droit d'éviction : or, aux termes de l'article 1560, le droit d'évincer l'acquéreur appartient à la femme ; donc celle-ci n'est pas soumise à l'obligation de garantie ; et de même que l'acquéreur voit la loi lui refuser le droit de repousser l'action révocatoire de la femme, de même il ne pourra puiser dans aucune disposition législative le droit de poursuivre, après la dissolution du mariage, les biens de la femme, en paiement du dommage dont la cause réside dans l'éviction qu'il a dû souffrir.

1. Dot, partie 2, section 3, n. 6.

Quelle logique serait donc celle du législateur qui, après avoir décidé d'une part, que l'obligation contractée par la femme ne pourrait, après la dissolution, faire obstacle à la révocation de l'aliénation indûment consentie pendant le mariage, admettrait, d'autre part, le créancier, à poursuivre sur ces mêmes biens dont l'aliénation a été annulée le paiement d'une obligation dont l'exécution ferait sortir alors ces biens des mains de la femme? Cette doctrine ne peut donc pas se soutenir, et celle que nous avons proposée en triomphe aisément : il faut donc décider que les obligations, quels qu'en soient la nature et le but, que la femme avait contractées pendant le mariage, ne pourront pas être exécutées après la dissolution du mariage sur les biens dotaux dans tous les cas où le droit de poursuivre l'exécution des obligations eût été refusé aux créanciers pendant le mariage.

Cette solution s'impose avec tant de force que la plupart des partisans de la théorie d'après laquelle les biens dotaux sont frappés d'indisponibilité pendant le mariage, entre les mains de la femme dont la capacité demeure, suivant eux, entière, décident que les créanciers ne pourront pas, après la dissolution, poursuivre sur les biens dotaux le paiement des obligations dont ils ne pouvaient réclamer l'exécution pendant le mariage. Mais en cela ils manquent de logique, car si du régime dotal naissait une simple indisponibilité des biens dotaux *pendant le mariage*, il ne serait pas douteux que ces biens, dès qu'ils deviendraient disponibles, c'est-à-dire après la dissolution du mariage, ne fussent dès lors soumis au droit d'exécution des créanciers. Si on admet que la femme était capable de contracter, il est absolument arbitraire de prolonger au delà de la dissolution du mariage la durée de l'indisponibilité.

Il n'est pas, au reste, sans intérêt d'observer que les partisans de cette théorie invoquent précisément en faveur du système qu'ils ont choisi les motifs qui auraient dû les conduire à une solution contraire. « S'il est évident dit l'un « d'eux, que celui qui s'oblige oblige tous ses biens, soit « présents soit à avenir, il est évident aussi qu'il y a excep- « tion à ce principe pour les biens qui, appartenant au « débiteur au moment où il s'oblige, sont à ce moment « *indisponibles* dans ses mains. Je puis m'engager, et j'en- « gage de plein droit, en m'obligeant, tous ceux de mes « biens présents qui sont libres dans mon patrimoine ; je « puis engager et j'engage mes biens à venir, en tant qu'ils « m'arriveront libres également ; mais *je ne puis engager* « *ceux qui sont soustraits à ma disposition* et *mis hors du* « *commerce* pas plus que ceux de mes biens à venir qui « m'arriveraient frappés de la même interdiction. » Et plus loin...... « Un bien ne saurait être saisi et enlevé à son « propriétaire en vertu d'un acte consenti au moment où « ce bien était inaliénable [1]. » On ne saurait se contredire plus complétement. En effet, ou l'inaliénabilité a engendré une incapacité chez la femme, ou elle a produit une indiponibilité des biens dotaux. Si la femme était incapable de

1. Marcadé sur l'art. 1560.

contracter, son obligation étant nulle ne peut recevoir aucune exécution sur les biens dotaux, à quelque époque que ce soit ; si au contraire les biens dotaux étaient purement et simplement indisponibles, la femme ayant conservé sa capacité, l'obligation pourra être exécutée sur ces biens lorsqu'ils seront redevenus libres par suite de la dissolution du mariage.

On objecte, il est vrai, que l'*ordre public* s'y oppose[1] : l'ordre public, dit-on, a exigé que les biens dotaux fussent placés à l'abri des dilapidations du mari et des complaisances de la femme. Ces considérations d'ordre public, nous ne les comprenons pas dans une législation où le régime dotal est un régime d'exception. Nos législateurs ont si peu considéré l'inaliénabilité de la dot comme étant d'ordre public, qu'ils l'avaient tout d'abord rejetée, et qu'ils n'ont consenti à en admettre le principe que sous cette condition que la faculté d'y apporter des exceptions serait laissée aux contractants.

Mais les partisans de ce système d'indisponibilité pure n'ont pas osé (nous le comprenons parfaitement) tirer les *conséquences logiques* d'une théorie *dont la fin* eût été de sacrifier la dot dès que le mariage eût été dissous, et de l'enlever aux enfants auxquels le législateur a voulu qu'elle fût réservée. Ils ont donc cherché dans l'ordre public cet argument précieux auquel on est heureux de recourir

1. Paris, 12 juin 1833 ; Grelein-Ledoux. — Et 30 juin 1834. — Paris. 28 août 1846 — Sir. 1847, 2, 162. — Rouen, Sir. 1847, 2, 164.

lorsque les autres font défaut. Nous estimons au contraire que ce serait se méprendre sur la pensée du législateur, exagérer ses intentions, et dépasser le but proposé, que d'affirmer, en faisant revivre le principe de la loi Romaine, qu'il est de l'intérêt de la République que la femme conserve intacts ses biens dotaux [1]. Il n'est nul besoin de recourir à un argument de cette nature, lorsque le point de départ de la theorie est exact : si on a reconnu que la femme est frappée d'incapacité pendant le mariage, il n'est que logique de refuser aux créanciers, après la dissolution, les droits qu'on ne leur accordait pas pendant le mariage à raison du vice dont était entachée l'obligation. Loin donc de déclarer, suivant l'expression de M. Troplong, que le système que nous avons accepté et que nous défendons ici conduit à « une nouvelle et inconcevable extension de la dotalité », il faut reconnaître que la solution que nous avons indiquée n'est que la conséquence logique du principe déposé dans la loi [2].

Cette solution sera la même dans le cas où la dissolution du mariage se produira par le prédécès de la femme. Les obligations que la femme avait contractées étant nulles, les héritiers de la femme pourront se prévaloir de cette nullité, et nous estimons que l'on devra refuser aux créanciers antérieurs à la dissolution du mariage toute action sur les biens dotaux [3].

1. « Reipublicæ interest mulieres dotes salvas habere, propter quas nubere possunt. » (L. 2. D. de jure dotium). — Arrêt de C. de Limoges du 5 juillet 1816. — Arrêt de C. de Cass. du 1 février 1819.

2. D. p. 1851, 2, 195. — 3. D. P. 1855, 1, 437.

Qu'importe en effet, à ce point de vue, qu'au moment où les créanciers exercent l'action à laquelle ils prétendent, les biens dotaux soient entre les mains de la femme ou entre celles des héritiers ?

L'article 1560 donne les mêmes droits à la femme et à ses héritiers ; et ce que l'on décide en faveur de celle-là, il faut l'admettre en faveur de ces derniers.

Nous n'admettons pas que l'on puisse accorder aux créanciers contre les héritiers une action qu'on leur a refusée contre la femme. Cette distinction, qui nous paraît être tout arbitraire, est reproduite cependant dans quelques décisions judiciaires. Mais il est utile de rechercher quelle est la valeur des motifs que l'on a invoqués. L'une de ces décisions est ainsi motivée : « Attendu que si l'inaliénabilité ne permet pas de poursuivre contre la femme, « sur les biens dotaux, même après la dissolution du mariage, l'exécution des engagements que celle-ci avait « contractés pendant sa durée, il n'en est pas de même « lorsque, après le décès de la femme, l'action est dirigée « contre ses héritiers. Que ceux-ci en effet, par l'adition « d'hérédité, sont devenus passibles de toutes les actions « qu'on pourrait intenter contre le défunt ; attendu que l'origine des biens qu'ils ont recueillis dans la succession « ne pourrait les soustraire aux conséquences du principe « qui veut que les biens du débiteur soient la garantie de « ses créanciers[1].... » Nous trouvons dans l'arrêt même

1. Toulouse, D. p. 1835, 2, 177.

la réfutation de la théorie dont il a été fait application, car de ces deux considérants le second est la négation du premier. En effet, il est vrai que les héritiers sont devenus passibles des actions que l'on aurait pu exercer contre leur auteur ; mais il n'est pas douteux que ce soit de celles-là seulement qu'ils sont devenus passibles : or les héritiers ne pouvaient pas exercer l'action contre la femme (l'arrêt le reconnaît) : donc il faut leur refuser le droit de l'exercer contre les héritiers de celle-ci.

Il ne faut pas distinguer non plus entre le cas où les héritiers ont accepté sous bénéfice d'inventaire la succession de la femme, et le cas où ils ont accepté cette succession purement et simplement[1].

On objecte vainement que si quelque concession pouvait être faite en ce qui concerne les héritiers qui n'ont accepté la succession que sous bénéfice d'inventaire, on devrait tout au moins décider que dans le cas où l'acceptation aurait été pure et simple, les créanciers pourraient agir contre les héritiers. Il n'est point exact de dire que ces héritiers doivent être considérés, à raison de l'acceptation pure et simple qu'ils ont faite de la succession, non pas comme étant soumis à l'obligation même que la femme avait contractée, mais bien comme étant personnellement obligés, de telle sorte qu'il en résulterait une novation qui soustrairait les droits des créanciers aux conséquences de l'incapacité de la débitrice originaire. C'est là une pure subtilité dont il faut

1. D. p. 1847, 1, 17, et 293.

se défendre. Si en effet l'héritier est personnellement obligé, ce n'est point en vertu d'une obligation nouvelle et distincte de l'obligation préexistante. L'héritier est de même condition que son auteur, il en continue la personne : la dette de celui-ci est passée sur la tête de celui-là avec les mêmes priviléges. La confusion du patrimoine du *de cujus* et du patrimoine de l'héritier augmente en principe le gage des créanciers ; mais pour qu'il en soit ainsi, il faut que le principe d'une obligation effective soit reconnu : la confusion qui s'opère n'empêche pas que la créance demeure toujours la même. Les dettes de la femme, en devenant, par l'effet de l'aceptation pure et simple, celles de l'héritier, ne changent pas de nature, et le créancier, qui ne pouvait en poursuivre le paiement chez la femme, ne peut pas davantage en poursuivre le paiement chez l'héritier : car celui-ci, en héritant de ces dettes, a en même temps hérité de l'action en nullité destinée à repousser les poursuites du créancier. L'héritier pur et simple doit jouir à cet égard des mêmes droits que l'héritier bénéficiaire. C'est ainsi que le législateur, en accordant à la femme et à ses héritiers la faculté de faire révoquer, après la dissolution du mariage, l'aliénation des biens dotaux consentie hors des cas que la loi autorise, d'où résulte pour les héritiers de la femme, de même que pour celle-ci, le droit de s'opposer à l'exécution des obligations contractées par la femme pendant le mariage, n'a point distingué, quant à ce droit, entre les héritiers purs et simples et les héritiers bénéficiaires[1].

1. D. p. 1847, 1, 17 et 293. — 1855, 1, 437.

Il ne faut point distinguer non plus entre les héritiers légitimes, soit en ligne directe, soit en ligne collatérale, et les légataires : ce serait admettre une distinction absolument arbitraire, et méconnaître le caractère de l'inaliénabilité de la dot que de refuser au légataire, par ce motif qu'il ne fait point partie de la famille, le droit d'invoquer la nullité de l'obligation contractée par la femme.

Il faudrait de même refuser aux créanciers antérieurs à la dissolution du mariage le droit de saisir, après la dissolution du mariage, les revenus des biens dotaux soit entre les mains de la femme, soit entre les mains des héritiers, à moins que l'obligation dont l'exécution serait poursuivie ne fût de celles qui auraient légitimé la saisie des revenus de la dot pendant le mariage [1].

Nous avons, jusqu'ici, supposé que les biens sur lesquels les créanciers demandaient à poursuivre, après la dissolution du mariage, l'exécution des obligations contractées par la femme pendant le mariage, étaient les biens mêmes auxquels le contrat de mariage avait attaché le caractère de dotalité. Mais que faudra-t-il décider, si la femme ou ses héritiers viennent à échanger ou à vendre ces biens dotaux ? Les droits des créanciers seront-ils modifiés en ce sens que ceux-ci pourront saisir, suivant les cas, les biens acquis en échange, ou le prix de vente des biens dotaux ? La réponse ne peut être que négative. C'est en effet le principe même et le germe de l'obligation que la loi a voulu

1. D. p. 1848, 2, 84 — 1851, 1, 83 et 2, 108 — 1854, 2, 234.

proscrire; la transformation qui s'est opérée dans les valeurs dotales ne peut donc avoir pour effet de rendre efficace cette obligation. Nulle dans le principe, l'obligation demeurera nulle quel que soit dans la suite le sort des biens dotaux. Peu importe l'aliénation ou l'échange[1] des biens dont était composée la dot; cette transformation des valeurs dotales n'influera en rien sur les droits de la femme ou de ses héritiers.

Aussi rejetterons-nous la distinction admise par quelques arrêts qui accordent ou refusent le droit de saisie aux créanciers selon que les biens dotaux ont ou n'ont pas été vendus ou échangés, et selon que, dans le cas d'aliénation ou d'échange, les héritiers tiennent leurs droits d'un testament ou qu'ils les tiennent de la loi. L'une de ces décisions judiciaires a été rendue dans une espèce où, après le décès de leur débitrice originaire, les créanciers se trouvaient en présence des enfants de celle-ci et d'un légataire universel; le légataire universel ayant vendu un des immeubles dépendant de la succession, les créanciers de la femme avaient formé saisie-arrêt sur le prix de vente entre les mains de l'acquéreur. Après un jugement validant les poursuites exercées par les créanciers, un arrêt, rendu sur l'appel interjeté par le légataire universel, a confirmé, en faisant valoir de nouveaux motifs, la décision des premiers juges. Mais c'est une singulière logique que celle qui a dicté la décision de la Cour, et nous ne pensons pas que l'on puisse l'ad-

1. D. p. 1854, 2, 234 — 1855, 1, 437, — 1850, 2, 67. Comp. Paris, 1856 2, 232.

mettre. Après avoir posé ce principe que « les héritiers de « la femme dotale peuvent, *à quelque source qu'ils aient « puisé leurs droits,* soustraire le fonds dotal à l'exécution « des engagements que la femme a pu contracter pendant « le mariage », la Cour le modifie immédiatement en ajoutant « qu'il répugnerait à la raison, non moins qu'à la saine « entente des lois de la matière, qu'à l'*égard des héritiers « institués* le privilége survécut à la *transformation par eux « faite des biens* qu'ils ont reçus de la femme dotale ». La Cour a considéré que « lorsque le ménage est dissous, le « mari mort, et la femme décédée sans postérité, les motifs « sur lesquels est fondée l'inaliénabilité du fonds dotal « n'existent plus, et qu'on ne pourrait, sans offenser l'es-« prit de la législation, étendre aux prix d'immeubles « dotaux, *quand ils sont vendus par le légataire universel,* « des *immunités* qui n'ont été *établies* que *pour les immeu-« bles eux-mêmes* et dans l'*intérêt des familles* ; que « le résultat de ce système serait de substituer à un privi-« lége exorbitant un privilége nouveau qui n'est point « écrit dans la loi ; d'admettre, hors des cas déterminés, « des subrogations de choses ; d'*affranchir* enfin l'héri-« tier *institué* des obligations inhérentes au legs universel. « Que si cet héritier, dans le cas même où il a pris la suc-« cession sous bénéfice d'inventaire, est autorisé à s'appro-« prier les biens que la loi a, par des *considérations « d'ordre et d'intérêt publics,* déclarés insaisissables, *il est « naturel que l'effet disparaisse avec la cause,* *et que du « moment* où, par sa volonté, *ces biens se sont convertis en*

« argent, » il soit privé des avantages que comportait la « nature privilégiée de ces biens [1] ». De ces principes on doit, d'après la Cour, tirer cette conséquence que, dans le cas où les biens dotaux ont été, entre les mains de l'*héritier institué*, l'objet d'une vente ou d'un échange, l'obstacle que leur qualité opposait aux poursuites des créanciers cesse d'exister, et que ceux-ci peuvent poursuivre sur les biens acquis par échange, ou sur le prix des biens aliénés, le paiement des obligations que la femme avait contractées.

Mais, d'une part, objecterons-nous, si des considérations d'ordre et d'intérêt publics exigent que les biens dotaux soient soustraits à l'action des créanciers lorsque ces biens n'ont subi aucune transformation entre les mains des héritiers institués, comment se peut-il que les mêmes considérations n'apportent pas obstacle à la poursuite des créanciers lorsque ces héritiers ont aliéné ou échangé ces biens ? Ou les considérations qui ont donné naissance au principe de l'insaisissabilité de la dot survivent au mariage, ou, ainsi que l'affirme l'arrêt que nous combattons, elles disparaissent lorsque l'union est brisée : si elles survivent, il faut refuser aux créanciers le droit de saisie, soit que les biens dotaux aient conservé, soient qu'ils aient perdu la forme qui les caractérisait ; si elles disparaissent, il faut accorder aux créanciers ce droit de saisie, quelle que soit la forme qu'aient revêtue les biens dotaux au moment où les créan-

1. Paris, 9 juin 1856. D. p. 1856, 2, 232.

ciers exercent leurs droits, et quel que soit le titre des héritiers aux mains desquels ces biens sont advenus.

Il y a contradiction entre les divers motifs que la Cour a donnés à l'appui des distinctions qu'elle a jugées nécessaires. Si l'on doit, suivant elle, permettre à l'héritier institué qui a conservé les immeubles dotaux en nature d'opposer l'inaliénabilité, tandis que le créancier aura le droit de saisie si les immeubles ont été aliénés, c'est que l'inaliénabilité n'a été établie que pour les *immeubles eux-mêmes,* et en faveur des familles. Combien est singulier le privilége qui, attaché à certains biens tant que ces biens conservent une forme déterminée, disparaît dès que ces biens prennent une autre forme ! Et comment expliquer cette distinction dans une jurisprudence qui reconnaît l'inaliénabilité de la dot mobilière ? Comment, d'autre part, concilier avec l'intérêt des familles cette faveur dont jouissent certains biens ? Si ce sont les immeubles qui sont privilégiés, ce privilége doit disparaître dès que les immeubles sont aliénés ; peu importe alors la condition de l'héritier aux mains duquel étaient ces biens ; peu importe que cet héritier soit un héritier légitime ou un héritier institué ; si au contraire c'est à l'intérêt des familles qu'est dû le privilége, les héritiers légitimes seuls pourront l'opposer, et il n'est plus vrai de dire que cette faculté doit appartenir à tous les héritiers « à quelque source qu'ils aient puisé leurs droits ». Comment se pourrait-il qu'il « répugnât à la raison » que le privilége de la dotalité survécut à la transformation des biens dotaux entre les mains des héritiers *institués* ; tandis que la « saine raison » ne permettrait pas que l'on accordât aux créanciers le droit de saisir le prix de l'immeuble aliéné ou de l'immeuble acquis en échange par l'héritier légitime ?

D'autre part, de quelle valeur est l'objection tirée de ce que le prix de l'immeuble aliéné après la dissolution n'est pas dotal ? L'immeuble même a cessé d'être dotal, et cependant on accorde que les créanciers dont le titre est antérieur à la dissolution ne peuvent, sauf les exceptions que nous avons indiquées, le saisir. Il n'est pas besoin, pour refuser aux créanciers le droit de saisir le prix des biens aliénés, ou des biens acquis en échange, d'affirmer que le prix ou les biens acquis en échange sont subrogés aux biens qui primitivement étaient frappés de dotalité. La dot n'est pas formée de tels ou tels biens déterminés, mais d'un ensemble de biens d'une certaine valeur, destinés à subvenir aux charges du mariage et aux besoins de la famille. C'est cette valeur que la femme a dû conserver intacte, et qu'elle a transmise intégralement à ses héritiers ; et c'est à raison de l'incapacité dont la femme était frappée que ses créanciers ne peuvent, après la dissolution du mariage, poursuivre vis-à-vis de ses héritiers eux-mêmes le paiement de l'obligation dont l'origine est viciée. Les transformations que subissent les biens dotaux n'augmentent ni ne diminuent le gage des créanciers

Quant aux revenus, les créanciers dont le titre est antérieur à la dissolution du mariage ne pourront les saisir, soit entre les mains de la femme, soit entre les mains des héritiers de celle-ci, que dans les cas où leur action aurait été permise avant cette dissolution même [1].

Mais quels droits devra-t-on accorder aux créanciers quant aux biens qui, advenus à la femme après la dissolution du mariage, auraient été dotaux si la femme les avait acquis pendant le mariage? Ainsi lorsque la femme, qui s'était constitué en dot tous ses biens présents et à venir, vient à recevoir une donation ou à recueillir une succession, les biens qu'elle acquiert seront-ils soumis au droit de poursuite des créanciers dont le titre est antérieur à la dissolution du mariage ? La négative est soutenue dans des termes absolus par un grand nombre de commentateurs dont la théorie a été sanctionnée par de nombreux arrêts. Le vœu du père de famille qui stipule le régime dotal pour sa fille, avec constitution en dot des biens à venir, est, dit-on, d'assurer à l'épouse la conservation des biens qu'il doit lui transmettre un jour, et d'empêcher que ces biens ne deviennent le gage des obligations qu'elle contractera sous l'influence du mari. Qu'importe donc que ces biens arrivent à la femme après ou pendant le mariage ? La sollicitude des parents et la défiance de la femme n'avaient-elles pas prévu l'un et l'autre cas ? Si l'on ne considère pas ces biens comme frappés de dotalité, les précautions que les parents ont prises seront vaines dans le cas où, survivant à la dissolution du mariage, ces derniers ne transmettront qu'après cette époque leur patrimoine à leur fille ; les créanciers

1. C. C. de Cass., du 11 février 1846. — C de Douai, du 27 juillet 1853, D. P. 1854, 2, 234,

pourront dès lors saisir ce patrimoine, et la soumission au régime dotal deviendra inefficace [1].

Nous ne pouvons méconnaître la gravité de ces considérations; mais nous ne croyons pas que la solution à laquelle elles conduisent soit suffisamment justifiée. Il ne peut dépendre de la volonté des parents et des époux eux-mêmes de rendre dotaux, par des conventions particulières, des biens qui aux yeux de la loi ne peuvent avoir cette qualité. La dot, en effet, est, aux termes de l'article 1540 C. C., le bien que la femme apporte au mari pour subvenir aux charges du mariage. Un bien ne peut donc être dotal qu'à la condition d'avoir rempli ce but, ou du moins d'y avoir été affecté entre les mains des époux. D'où il résulte que la disposition de l'article 1542 qui permet de constituer en dot tous les biens présents et à venir est limitée, quant aux biens à venir, par la disposition de cet article 1540, et, par suite, ne s'applique à ces biens qu'autant que la femme les acquiert pendant le mariage.

Les biens advenus à la femme après la dissolution du mariage n'ont jamais servi à supporter les charges du ménage et n'y ont point été affectés entre les mains des époux; il ne se peut donc pas, en dépit de la volonté exprimée au contrat de mariage, que ces biens soient considérés comme compris dans la dot. Or, nous l'avons dit, ce sont les biens dotaux seuls qui sont soustraits au droit de disposition directe ou indirecte de la femme. Nous ne nous dissi-

1. Gide, étude sur la condition privée de la femme, page 512.

mulons pas que de ce système résulte cet inconvénient qu'il se peut que la femme mariée sous le régime dotal, et dont tous les biens consistent en expectatives de successions, soit ruinée par l'effet des obligations qu'elle a contractées sous l'influence d'un mari dissipateur, si ces successions ne viennent à s'ouvrir qu'après la dissolution du mariage. Mais nous considérons que les tribunaux, tout en constatant la gravité de cet inconvénient, ne peuvent que reconnaître leur impuissance à y remédier, et doivent se borner à le signaler au législateur dont il est digne d'exciter la sollicitude.

Il ne faut point, au reste, s'exagérer la gravité du mal. Les créanciers dont le titre serait antérieur à la dissolution du mariage n'auraient pas tous, indistinctement, et quelle que fût la cause de l'obligation contractée par la femme, le droit de saisir les biens que leur débitrice aurait acquis après la dissolution du mariage. Il faut assimiler ces biens à des paraphernaux, et ne permettre aux créanciers de les saisir que dans le cas où leur action eût été legitime sur des paraphernaux que la femme eût possédés pendant le mariage : les distinctions que nous avons proposées, au chapitre V, doivent encore être admises ici. Les biens acquis par la femme après la dissolution du mariage seront soustraits à l'exécution des obligations contractées pendant le mariage, dans tous les cas où ces obligations résulteraient d'un acte dont le but direct serait l'aliénation de la dot; il en serait de même de toute obligation dont la poursuite réfléchirait sur les biens dotaux; la nullité de cette obligation serait en effet absolue.

Nous sommes arrivé au terme de ce travail, et si incomplet qu'il puisse être, il nous semble qu'on peut en dégager ce principe que l'idée de l'incapacité de la femme est inséparable de celle de l'inaliénabilité de la dot, et que, si le texte de la loi, non plus que les auteurs ni la jurisprudence, ne l'affirment pas expressément, ils s'accordent néanmoins à le reconnaître implicitement et à l'appliquer.

DROIT ROMAIN

POSITIONS.

I. La loi Julia *de Adulteriis* n'a pas donné à la femme un droit de propriété sur les immeubles dotaux.

II. La défense faite au mari d'hypothéquer le fonds dotal ne dérivait pas de la loi *Julia* : c'est par une conséquence déduite du principe posé par le S.-C. *Velléien* que la jurisprudence est arrivée à formuler cette prohibition.

III. Le droit de disposition appartenant au mari ne reçut de la Loi *Julia* aucune atteinte en ce qui touchait les meubles dotaux.

IV. Le mari avait le droit de revendiquer, pendant le mariage, le fonds dotal indûment aliéné par lui ; après la dissolution du mariage, ce droit appartenait à la femme lorsque le mari lui avait cédé l'action en revendication, ou si elle avait obtenu du prêteur une action *utile*.

V. La femme ne pouvait pas valablement renoncer à l'hypothèque privilégiée qui, sous Justinien, grevait les meubles dotaux.

VI. La *L.* 30 *C. de jure dotium,* en accordant à la femme une action en revendication, ne lui a pas attribué la propriété des biens dotaux.

DROIT FRANÇAIS

Droit Civil.

I. La femme mariée sous le régime dotal est frappée d'une imcapacité exceptionnelle.

II. Les créanciers de la femme mariée sous le régime dotal ne peuvent pas, en règle générale, poursuivre sur les meubles dotaux les obligations que la femme a contractées pendant le marige.

III. Les créanciers de la femme, dont le titre a date certaine *antérieure au mariage*, peuvent, même lorsqu'ils sont simplement chirographaires, saisir les biens dotaux pendant le mariage.

IV. Lorsque la femme s'est constitué en dot des objets particuliers, ces créanciers chirographaires ne peuvent saisir que la nue-propriété des biens dotaux.

V. Les droits des créanciers de la femme sont les mêmes, soit que la constitution de dot émane de la femme elle-même, soit qu'elle émane d'un tiers.

VI. La femme mariée sous le régime dotal est incapable de disposer par institution contractuelle, de ses biens dotaux, au profit de personnes autres que ses enfants.

VII. La femme est tenue sur sa dot des obligations qui naissent de ses délits ou quasi-délits, et de celles qui sont nées de ses quasi-contrats lorsqu'elle est obligée indépendamment de sa volonté.

VIII. La dot est tenue, dans tous les cas, de l'action *de in rem verso.*

IX. Les créanciers de la femme, postérieurs à la séparation de biens, peuvent seuls saisir les revenus de la dot, et on doit ne leur accorder ce droit qu'en ce qui touche l'excédant des revenus, déduction faite des sommes nécessaires aux besoins du ménage, et seulement lorsque la femme s'est obligée dans les limites de l'administration.

X. Les obligations contractées par la femme pendant le mariage ne peuvent être poursuivies sur les biens paraphernaux, dans les cas où ces poursuites pourraient réfléchir sur les biens dotaux.

XI. Les transformations que subissent les biens dotaux après la dissolution du mariage n'augmentent ni ne diminuent le gage des créanciers dont le titre est antérieur à la dissolution du mariage.

XII. Les obligations contractées par la femme pendant le mariage ne peuvent être poursuivies sur les biens acquis par la femme après la dissolution du mariage, dans les cas où l'exécution de ces obligations serait de nature à réfléchir sur les biens dotaux.

PROCÉDURE CIVILE.

I. Lorsqu'une femme, mariée sous le régime dotal, n'a pas de biens paraphernaux, elle est au nombre des personnes notoirement insolvables qui ne peuvent, aux termes de

l'article 711 du Code de procédure civile, être admises à former une surenchère sur aliénation forcée.

II. On peut s'abstenir de communiquer au ministère public les causes concernant la dot d'une femme mariée sous le régime dotal, lorsque la femme est autorisée de son mari, si la dot a été stipulée aliénable par le contrat de mariage.

DROIT COMMERCIAL.

I. Lorsque le mari, après avoir fait des améliorations sur le fonds dotal, tombe en faillite, ses créanciers ne peuvent faire vendre cet immeuble pour en saisir le prix jusques à concurrence de la plus-value que ce fonds a reçue.

II. La femme qui, mariée sous le régime dotal, est devenue commerçante après son mariage, ne peut pas opposer l'inaliénabilité de la dot aux créanciers envers lesquels elle s'est engagée dans les limites des actes de son commerce lorsqu'elle a négligé de faire publier, conformément à l'article 69 du Code de Commerce, son contrat de mariage.

DROIT CRIMINEL.

I. La femme mariée, poursuivie directement par une partie civile, ne peut plaider sans autorisation.

II. La Cour d'assises peut condamner à des dommages-intérêts l'accusé acquitté, lorsque le verdict d'acquittement n'exclut pas nécessairement l'idée d'une faute imputable à l'accusé, et dont celui-ci doit répondre envers la partie civile.

DROIT ADMINISTRATIF.

I. Le jugement d'expropriation résout de plein droit tous les baux, et il en serait ainsi alors même que l'expropriant entendrait les maintenir.

II. Le locataire dont le bail n'a pas date certaine peut cependant réclamer de l'expropriant une indemnité lorsqu'il résulte des circonstances que le bail a été conclu de bonne foi et sans fraude.

Vu par le Président de la Thèse,
O. BOURBEAU.

Vu par le Doyen intérimaire,
M. PERVINQUIÈRE.

Permis d'imprimer. Poitiers, le 14 *décembre* 1876.
Le Recteur,
Ch. AUBERTIN.

Les visa exigés par les règlements sont une garantie des principes et des opinions relatives à la religion, à l'ordre public et aux bonnes mœurs (Statuts du 9 avril 1825, art. 44), mais non des opinions purement juridiques dont la responsabilité est laissée aux candidats.

Le candidat répondra en outre aux questions qui lui seront faites sur toutes les matières de l'enseignement.

TABLE DES MATIÈRES

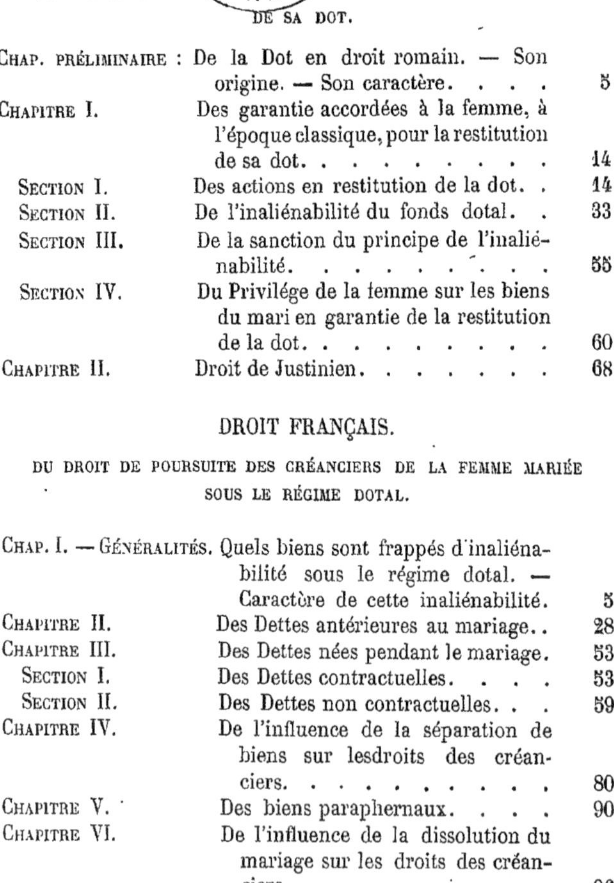

DROIT ROMAIN.

DES GARANTIES ACCORDÉES A LA FEMME POUR LA RESTITUTION DE SA DOT.

DROIT FRANÇAIS.

DU DROIT DE POURSUITE DES CRÉANCIERS DE LA FEMME MARIÉE SOUS LE RÉGIME DOTAL.

POITIERS. — TYPOGRAPHIE DE H. OUDIN FRÈRES.

www.ingramcontent.com/pod-product-compliance
Ingram Content Group UK Ltd.
Pitfield, Milton Keynes, MK11 3LW, UK
UKHW020552180726
13838UKWH00001B/197